レッスン人気NO.1
プロゴルファー　中井 学

図解 シンプルゴルフのすすめ

飛距離アップの人
スコアアップの人が続出！

本当に必要なことはたったコレだけ！

河出書房新社

図解 シンプルゴルフのすすめ 本当に必要なことはたったコレだけ！ INDEX

chapter 1 シンプルスイングの完全マスター法

chapter 2 ヘッドターンを覚えて一気にレベルアップ

chapter 3 スコアを無駄にしないラウンドテクニック

chapter 1

シンプルスイングの完全マスター法

ゴルフのスイングはシンプルなほど早く上達します。色々な知識を詰め込もうとすると動きがどんどん複雑になり、かえって上達の妨げとなります。これだけ覚えれば、誰でもシンプルスイングをマスターできるポイントを解説します。

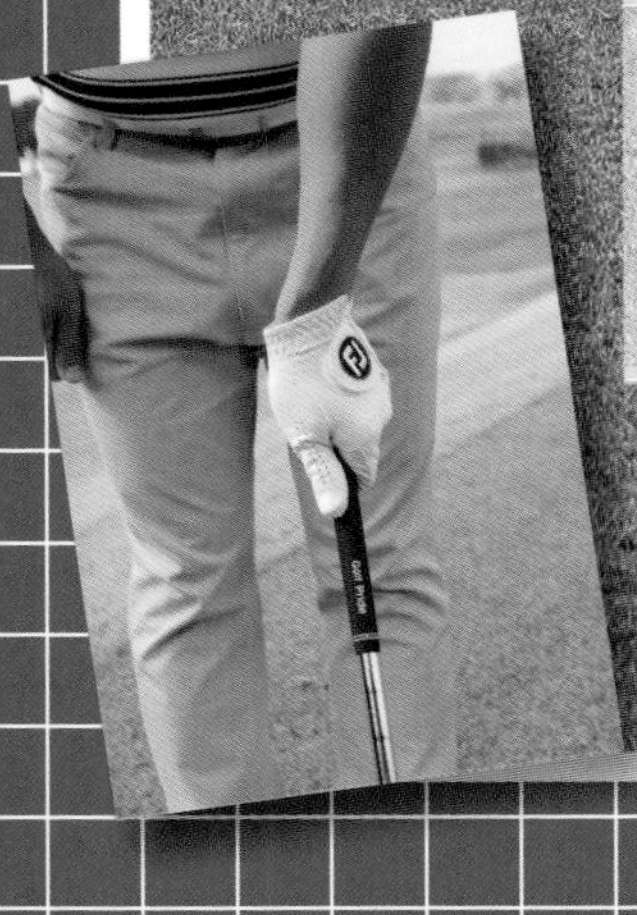

Gaku Nakai

シンプルスイングの
完全マスター法❶

ゴルフに球を上げる動作はひとつもない

ゴルフは自分の思考次第で結果が変わる。ボールに正確に当てるコツは？

ボールを低く転がすくらいの気持ちでスイングすれば、クラブヘッドが上から下りてきてボールを正しくヒットできる

ボールを前に転がすつもりで打とう

中井学の一口メモ

〈頭の位置をキープしてクラブを振り下ろす〉

ゴルフのスイングはコマのイメージ。腕を振ることも大事だが、体の軸が前後左右に揺れないように一定にキープし、体をスムーズに回転させることがより重要だ。まずは頭の位置が変わらないように体を回すことを心掛けよう

ロフト角を信じて打つ気持ちがミス防止の第一歩

ゴルフが上手い人たちのスイングを見ると動きが実にスムーズで、ボールがきれいな角度が上がっています。これを真似ようとして練習場で腕を一生懸命に振ろうとしたり、ボールを上げようとしたりする人が多いのですが、それは逆効果。上手い人たちはボールを上げようなんて考えていません。

意図的にボールを高く打ち上げようなんて思うと、ダウンスイングで体や腰があおったり、インパクトで両手をこねたりなど間違った動きがどんどん身についてしまうことになります。クラブにはロフト角があって、ボールを上からきちんととらえることで自然に上がってくれるのです。

むしろ最初からボールを低く打ち出すくらいのイメージでスイングしましょう。

クラブフェースをボールに向かって上から当てやすくなり、ロフト角どおりにボールが上がって狙ったターゲットに向かって飛んでくれます。ロフト角を信じる気持ちが大切です。

ロフト角がボールを上げてくれる

ロフト角とはフェース面の傾斜角のこと。ゴルフクラブはこの角度によってボールが上がるように造られている

ココに注意！

「ボールを上げたい」意識がミスを招く

すくい打ちはNG

自分でボールを上げようとするとダウンスイングで上体が右に傾いて頭の位置がずれる。右肩も下がってボールを正確にヒットできない

腕の振りすぎもダメ

ボールの手前を叩いてしまうダフリ（左）も、インパクト前に顔が早く向いて空振りやチョロ(右)になるのも腕の振りすぎが原因

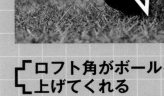

シンプルスイングの
完全マスター法❷

左手甲をややかぶせて 右手は浅めにグリップ

グリップは体とクラブをつなぐ唯一の接点。両手の握り方の基本を学ぼう

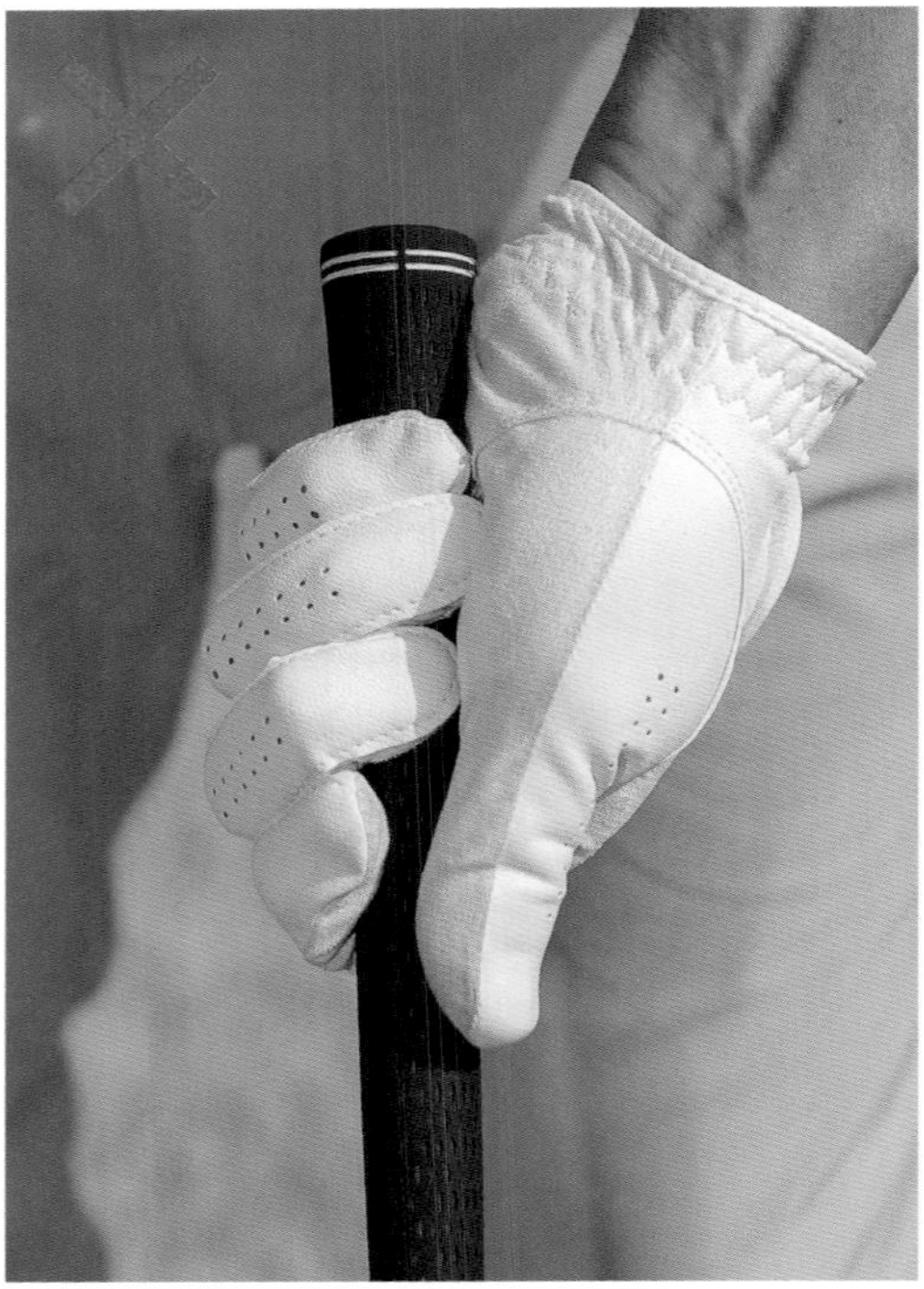
グリップを下から持つように握ると左手の握りが浅くなってしまう。これではクラブをしっかりと振れない

左手のナックルが2つ見えるくらいにかぶせて握る
左手の人差し指と中指のナックルが見えるのがベスト

歯ブラシを持つように指に近い部分で握ろう

グリップは左手から握ります。ポイントは左手の人差し指から小指までの4本の指の付け根を結ぶライン上にグリップを添えて、指でグリップに巻きつけるように持つことです。歯ブラシなど細いものを持つように、指に近い部分で持つ感覚です。

慣れないうちはグローブの指の付け根のラインに線を書き込んでその部分にグリップを当てて、それから左手甲がやや上を向くように握る練習をしましょう。左手甲のかぶせ具合は人差し指と中指の2つのナックルが見えるくらいが目安となります。

左手甲と右手のひらの向きを揃えてグリップ

左手グリップを完成させたら、右腕をリラックスさせて右手のグリップを作りましょう。右手の場合も指に近い部分で握りますが、右ヒジを軽く曲げた状態で右手をグリップに添えるように握ることが大切です。

上達するにはココをCheck

簡単・最速 POINT ポイント

グリップは左手の指の付け根に当てて握ることが大切。グローブに線を書いて正しいグリップをマスターする練習につとめよう

グリップを当てる部分に線を書き込んでおく

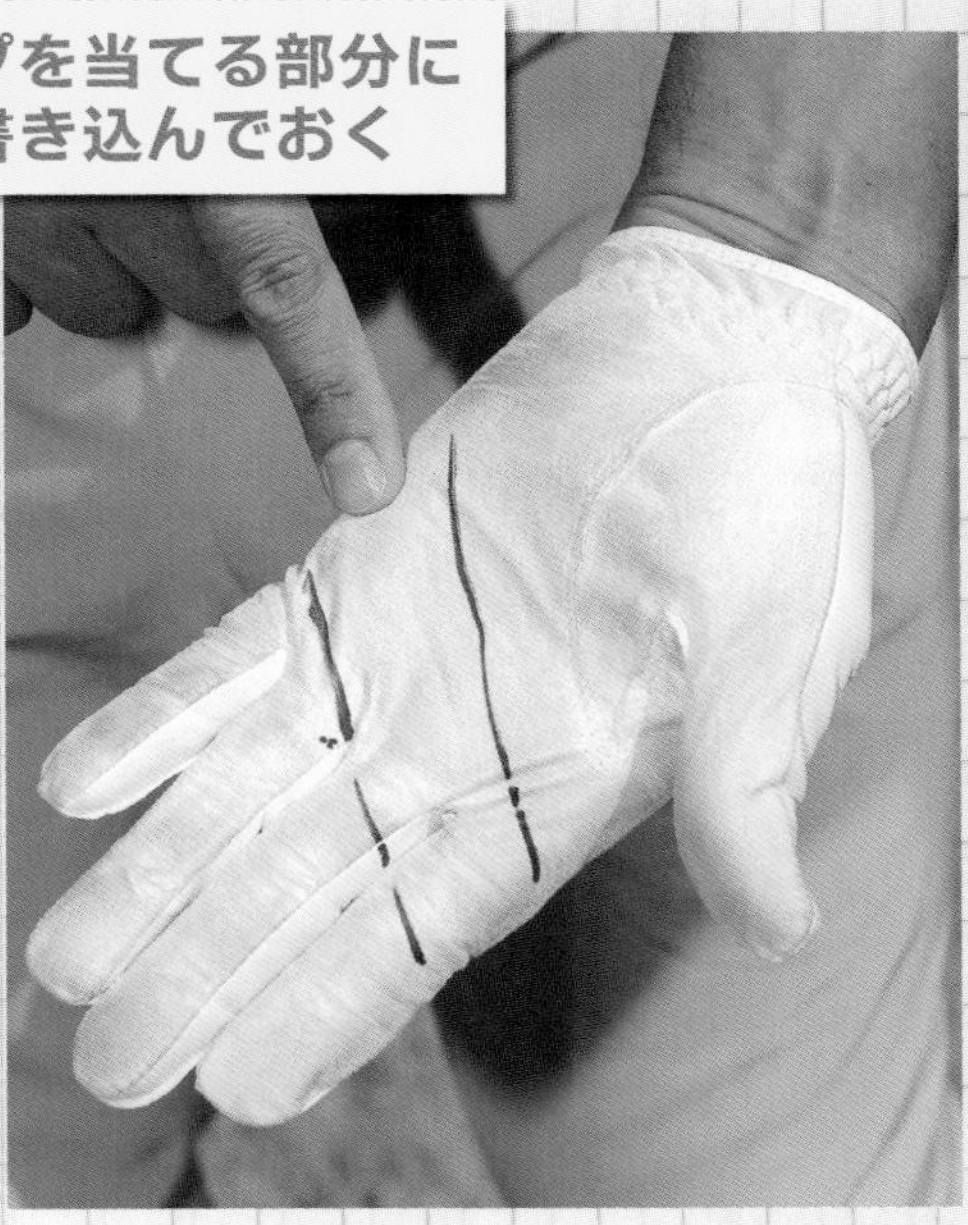

グリップを握るのは指の付け根の部分。マジックで２本の斜線を書き、左手を握るときはつねにグリップをこの部分に当てよう

右ヒジを曲げてから右手をグリップに添える

右腕の力を抜き、右ヒジを軽く曲げた状態でグリップを作ろう。右手のひらがやや上を向き、左手甲の向きと同調して、両手の一体感が得られやすい

左手甲と右手のひらが同じ方向を指せばOK

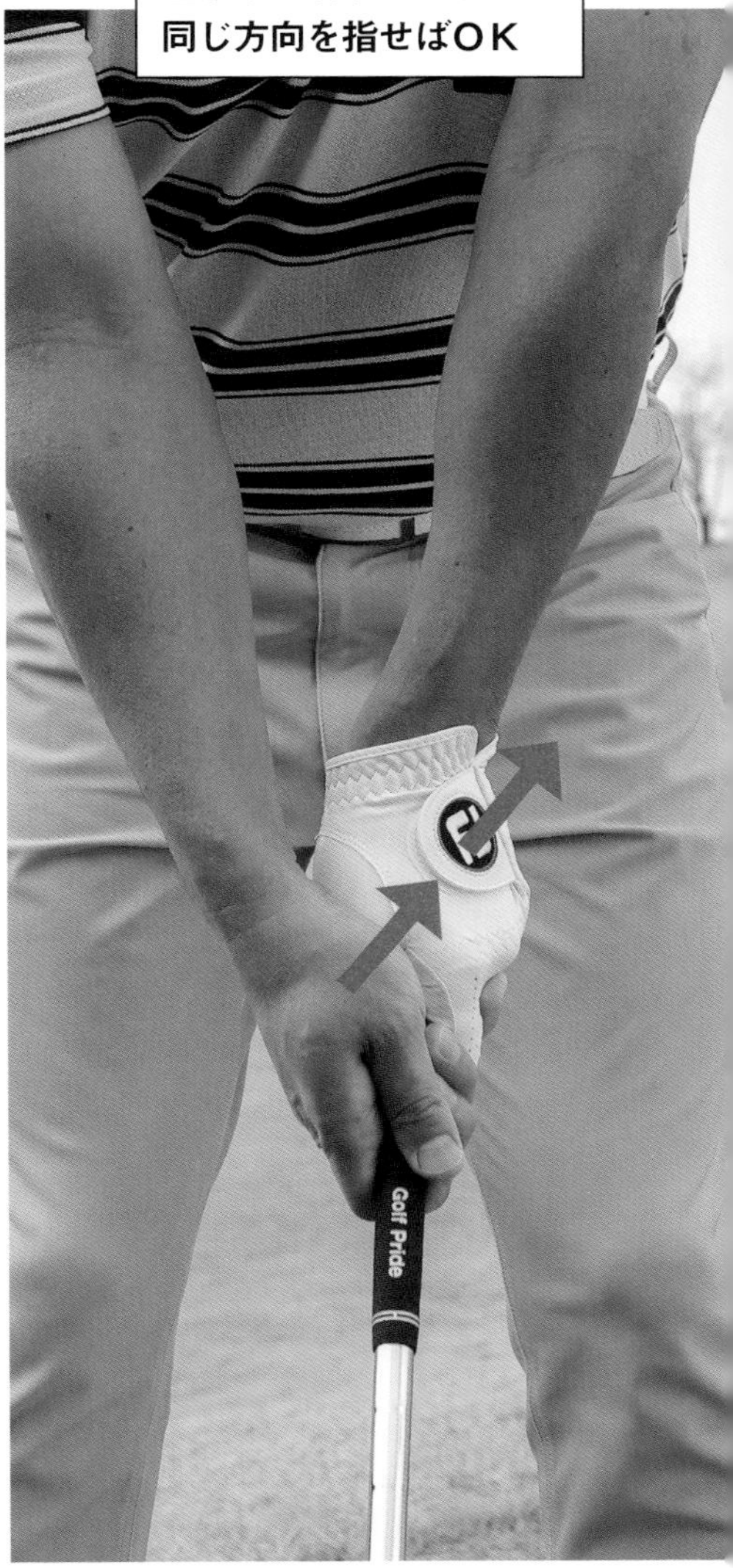

グリップは両手の一体感が大事。左手甲をややかぶせて、右手を浅めに握れば両手をバランスよく握れる

右手を左手よりも下に握る分だけ右肩がやや下がります。そして右ヒジを下に向けた状態で右ヒジを軽く曲げて右ワキ腹に近づけて構えるのです。

　こうして左手甲と右手のひらがやや斜め上を指すように向きを揃えて握れば、両手のグリップのバランスがよくなります。

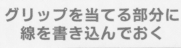

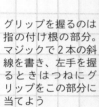

シンプルスイングの
完全マスター法❸

左腕を伸ばし、右ヒジを軽く曲げて構える

アドレスは正確なインパクトを迎えるための準備姿勢。腕の構えがカギだ

左腕は真っすぐ、右腕は曲がるのが正解

左腕は自然に伸ばしておき、右腕は右ヒジを下に向けた状態で軽く曲げておくこと。これが両腕のセッティングの最重要ポイントだ

中井学の一口メモ

インパクトの瞬間も右ヒジが曲がっている

ボクサーのストレートパンチも相手の顔面をヒットした瞬間は腕が曲がっている。そんなイメージでアドレスでは右腕の力を抜いて、右腕を軽く曲げておこう

インパクトフォームをイメージして構える

アドレスで特に重要なポイントは、左腕を自然に伸ばして右ヒジを軽く曲げたセットアップを作っておくことです。

その理由は、理想的なインパクトは右腕が曲がっていることが絶対条件だからです。

アドレスとはパワー効率のいいインパクトをイメージした姿勢です。ボクサーのストレートパンチをイメージしてください。ヒットする瞬間は右腕が曲がっていて、ヒットした直後に右腕が一気に伸びていくでしょう。

アドレスで右腕を最初から伸ばしているのは、ボクサーが右腕を伸ばしたままで相手の顔面をヒットするようなもの。それではダメージを与えることができないのです。

それに右ヒジが突っ張ったアドレスになると右肩が前に出るため、スイングの軌道がアウトサイドインとなり、スライスやヒッカケなどのミスを招きます。右ヒジを曲げることで肩のラインをスクエアにセットしやすくなります。

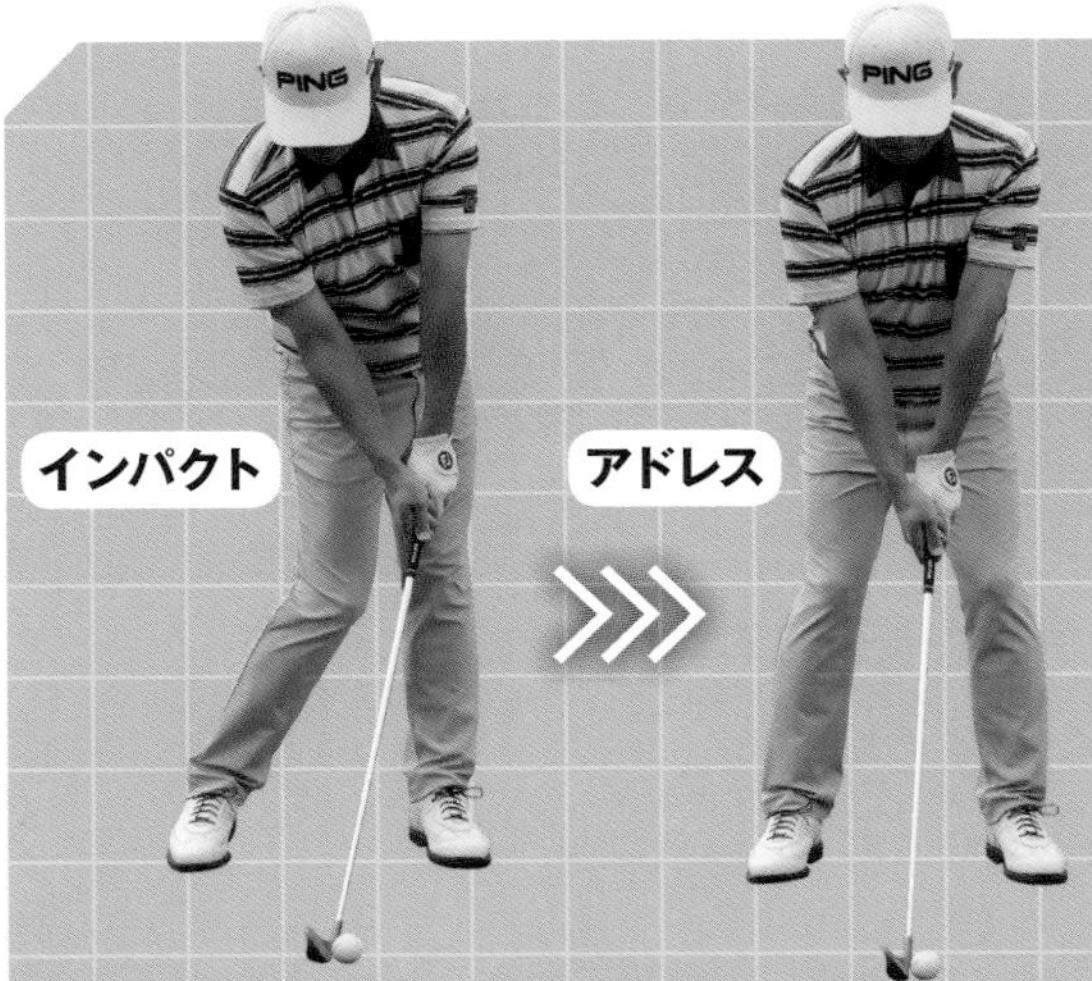

インパクトの形を想定して右腕を曲げてアドレス

ボールにパワーを効率よく伝達できるようなインパクトのフォームをイメージし、右腕を曲げたアドレスを作ることが大切だ

やってみよう！

両ヒジの間にクラブを通してチェック

クラブが入ればOK

左腕がクラブの上、右腕はクラブの下となるのが正しいアドレスの条件。こうした姿勢で構えることを習慣づけよう

右腕が伸びてはNG

右腕を伸ばして構えると右肩が前に出てしまい、正しいインパクトが作れずに様々なミスショットを招くので注意が必要だ

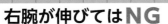

重心を土踏まずに乗せてバランスよく立つ

シンプルスイングの完全マスター法❹

アドレスでもうひとつ大事なのは重心配分。バランスよく立つコツがある

クラブを肩にかついで前傾姿勢を作り、両ヒザを軽く曲げる。背中とお尻のラインを真っすぐにセットする感覚がつかめる

背骨と同じように骨盤も前傾させるのがポイント。下半身に安定感が生まれ、重心が土踏まずに乗りやすくなる

体重が前後左右に偏らないように注意

アドレスの姿勢はバランス感覚が重要です。重心がツマ先側やカカト側に偏ってはいけませんし、左足体重や右足体重になってもバランスよく構えられません。

まずは両足を肩幅くらいまで広げて体重を左右均等に乗せるようにしましょう。そしてお辞儀をするように腰の付け根から上体を折りながら、両ヒザを軽く曲げます。その姿勢から両腕を自然に下げて、両手でクラブを持てばアドレスの姿勢ができあがります。

その結果として重心が土踏まずに乗ってくると、安定した姿勢を作ることが実感できるでしょう。親指の付け根の膨らみの拇指丘と呼ばれる部分に乗せるという教えもありますが、これを意識するとツマ先体重になりやすい傾向がありますから、「重心は足の真ん中に乗ればＯＫ」と考えましょう。

骨盤を前傾させれば重心の位置が整う

アドレスでは背中のラインとお

上達するにはココをCheck

簡単・最速 DRILL ドリル

練習するときは、最初は９番アイアンなど短くて重めのクラブを使おう。小さいスイングから打ち始めて徐々に出力を上げつつ、振り幅を大きくしていくと練習の効果が上がる

小さいスイングから開始

腰くらいの振り幅を１として、自分で数字を２、３、４、５……とカウントしながら出力を上げていこう。10まで行かずに８くらいで止めておくのがいい

大振りは絶対に避けよう

距離を出そうとして自分の限界以上に出力を上げようとすると体のバランスが崩れてミスになりやすい。練習の効果も上がらない

ボールの位置は心臓の前が基準

ボールの位置は左ワキの前でもいいが、ボールを上げない意識を持ってスイングしやすくするためにも左ワキのやや内側の心臓の前にセットしよう

尻のラインが真っすぐ伸びるように骨盤を前傾させることも大事なポイントです。腰が立って背中だけを丸めたアドレスでは体の回転がスムーズにいきません。背骨と同じように骨盤も前傾角度を作りましょう。わかりにくければクラブを肩に担いで前傾角度を作ってみて感じをつかんでください。

基本練習はコレ!

スムーズな
意識しよう

よくいわれるが、コレが案外うまけよう。体が硬くなったと感じる回転を実感できるはずだ

フィニッシュで
胸を目標に向ける

ダウンスイング以降では胸がターゲットの方向を向くまで回そう。驚くほど体が回転しやすくなる

肩が回りにくい人も胸なら回転しやすい

ゴルフスイングについてはクラブを手で持ち、肩を回して腕を振るというイメージをお持ちの人が多いことと思います。見た目にそのように見えますし、「しっかり腕を振りましょう」とか「肩を大きく回しましょう」などとよくアドバイスされますよね。

ところが、自分で腕を振ろうとするのは実は間違いですし、肩を回すのも正しいようでいて曖昧です。肩は腕とつながっていますから、誤解すると腕や手を使いすぎてしまうことになりかねません。

腕や手のことは後に説明するとして、まずは肩よりも胸の回転を

マネどころ!

前傾角度を キープして 胸を左右に回す

胸を左右に回すときに注意しなくてはならないのは、アドレスの前傾姿勢を作り、前傾角度をキープしておくこと。胴体の正しい軸回転が理解できたら、スイングの基本形をマスターできたといえる

胸を左に回すのは
ダウンスイング
以降の動作だ
胸が目標を指すまで
回せば体重が
左足に乗る

バックスイングで
胸を右に回す

「左肩を回そう」とするよりも胸を右に 90 度向けるつもりで体を回せば
バックスイングがスムーズ

体の回転の

肩よりも胸の回転を

体の回転に関しては「肩を回せ」と
くいかないもの。そこで胸に目を向
ゴルファーだって、体のスムーズな

意識してください。クラブを持たずに両腕を胸の前で組み、バックスイングで胸を右に90度回しましょう。そこから今度は胸を左に180度回します。「右向け右」と「左向け左」の要領で胸を左右にターンするのです。結果的に肩が自然に回転しますが、肩よりも胸に着目したほうが体をスムーズに回しやすいことを実感できるはずです。年齢とともに体が回りにくくなったと感じる人も胸なら回しやすいですし、胸の代わりにお腹を意識するのもいいでしょう。

マネどころ!

胸の回転に重心の移動が同調する

アドレスの姿勢から胸を 90 度右に回せば体重が自然に右足に乗る。そこから胸を 180 度左に回していくと体重が左足に移動する。こうした重心の移動は意識しなくても体の回転で自然に行われる

両手を胸の前で
組むのが
ニュートラルな姿勢

背中が目標を
指すまで胸を
十分に回そう
体重が
右足に乗る

シンプルスイングの
完全マスター法⑤

両腕を象の鼻のようにブランブランと振る

胸の回転の次は腕の振り方の基本をマスターしよう。ポイントは脱力だ

胸を左に 180 度回せば
腕が遅れてついてくる
ことが体感できる
PING
PING
胸をもう一度右に回し、
同じ動作を繰り返そう

腕の力を抜いて胸の回転に振られるのがコツ

シンプルスイングのマスターの第一段階として胸の回転を覚えたら、第二段階では腕を左右に振る動きの練習をしましょう。

腕は自分の意図として振るものではありません。胸の回転によって自然に振られることをこの練習で体感するのが狙いです。

胸を象の頭とすれば、腕は象の鼻のイメージです。両足を肩幅くらいに広げて立ち、両腕を脱力させておきます。そして重心を右に移動させながら胸を右に回しましょう。すると両腕が後からついてくるように勝手に振られることがわかります。

両腕が右に振られたら今度は重心を左に移動させて胸を１８０度左に回します。バックスイング同様、両腕が象の鼻のように振られることが体感できます。

腕が振られることを覚えれば上達が早い

この動きを左右連続で続けるうちに、胸の回転と腕の振りの「時

上達するにはココを Check

簡単・最速 DRILL ドリル

胸を左右に回す練習や腕を象の鼻のように振る練習はクラブがなくてもできるので、自宅の壁や柱などを利用するのもいい。5分でもいいから毎日やっておくと上達がスピードアップする

額を壁につけて胸を左右に回転

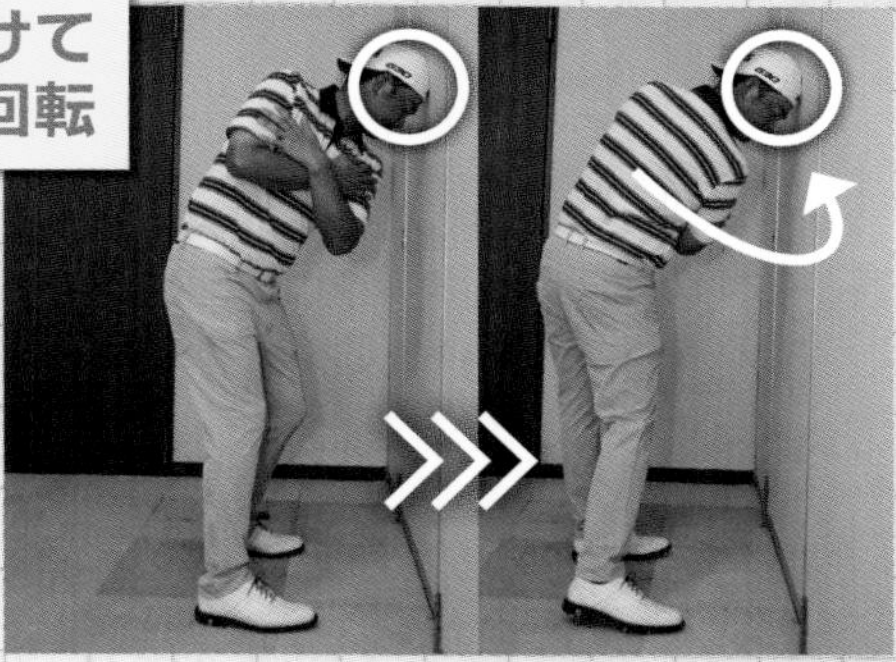

前傾姿勢を作り、両腕を胸の前で組んで額を壁につける。そしてスイングの要領で胸を左右に回そう

今度は腕を象の鼻のように振る

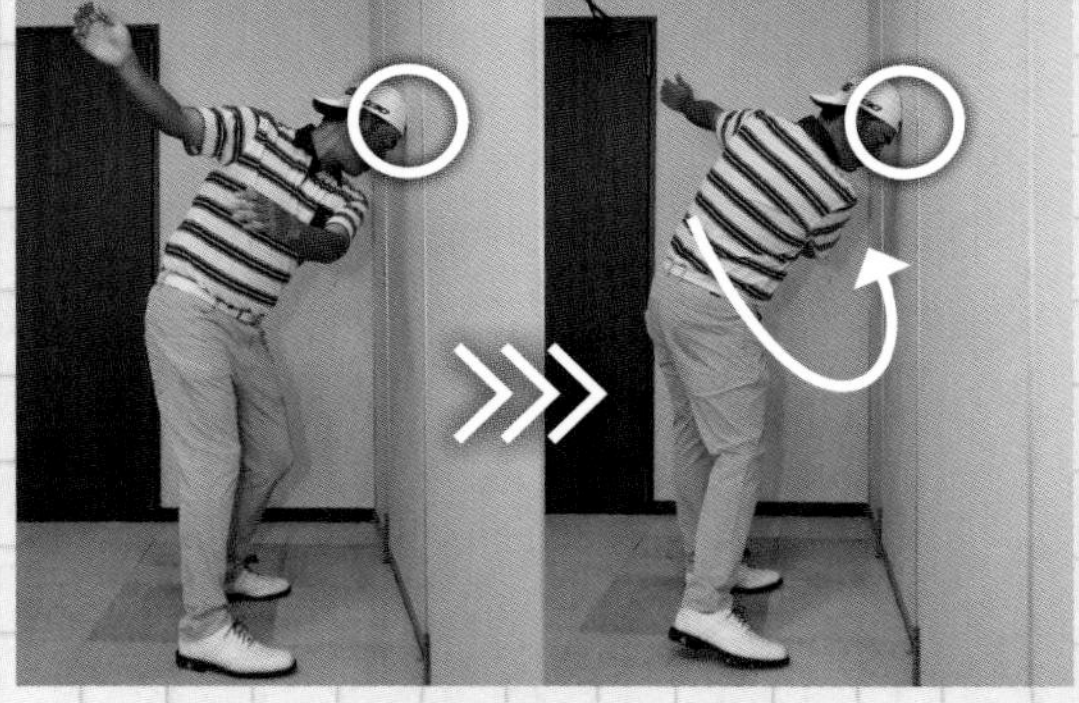

同じようにアドレスの姿勢を作り、額を壁につけたままで胸を回しながら腕を大きく振ろう

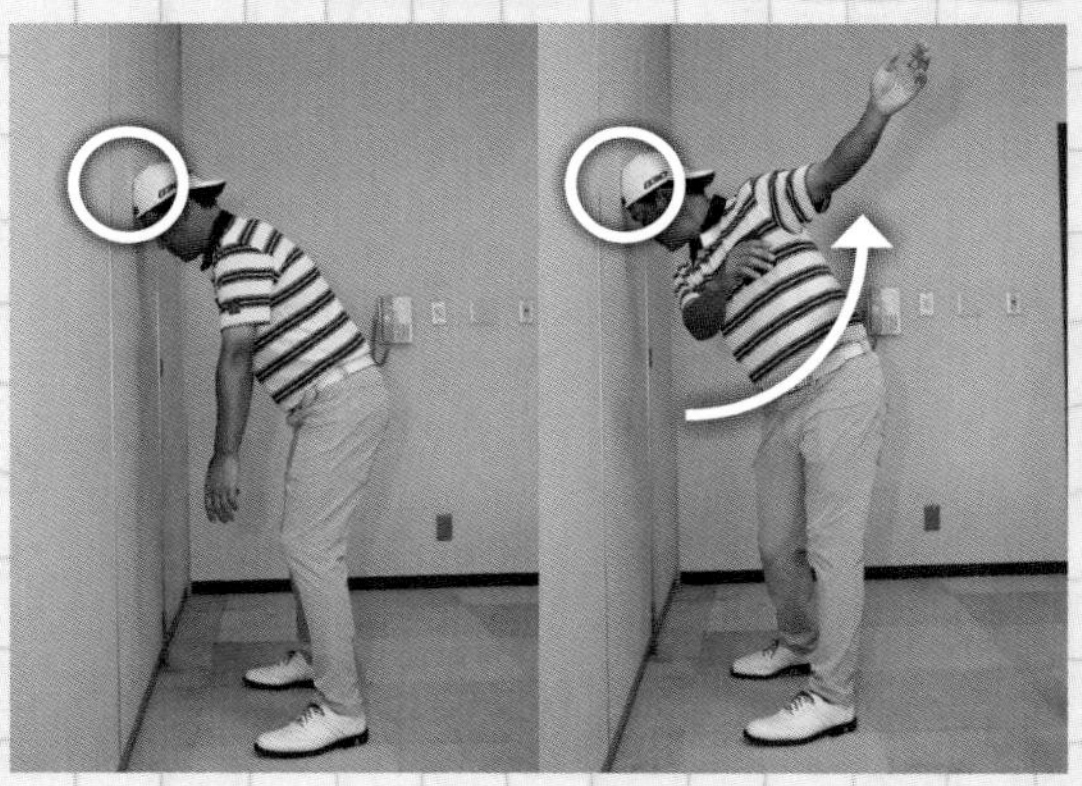

腰のポジションをキープし、前傾角度を変えずに腕を振るのがポイント。額が壁から離れるのはNG

胸を大きく回転する
動きにつられて
腕が大きく振られる

間差」の感覚がつかめてきます。この時間差が、腕が振られることの真相なのです。

自分で腕を振らずに、胸の回転主導で腕が振られることでスイングがよりシンプルになります。肩や腕、手に余分な力が入ることもなく、体や腕の動きの再現性や反復性が向上します。

完成の肝!

と一緒に
をマスター

グ練習をしよう。胸を左右に回転
に「振られる」感覚をマスターで
完成に大きく近づいたといえる

つねに下半身が
リード

ダウンスイング以降は、胸の回転と腕の振りが下半身の動きに「時間差」で遅れるイメージ

胸を左右に回し続けて連続素振りを繰り返そう

胸の回転によって両腕が振られる感覚をつかんだら、今度は実際にクラブを持ってスイング練習をしましょう。この場合も象の鼻のように両腕が振られる感覚そのままでスイングするのがコツです。

アドレスの姿勢を作り、バックスイングでは重心を右に移動させながら胸を90度右に回します。すると腕とクラブが遅れて上がっていき、自分では腕や手を動かしていないつもりでも、自動的にトップのポジションに近い位置までクラブを導けることがわかります。

次に重心を左に移動させながら

マネどころ!

無駄な動きの省略化できれいなスイングになる

腕や手を使わないことで動きの無駄がなくなり、軌道が安定する。素振りを反復しながらクラブヘッドがどこを通過するかもチェックしよう。鏡などに映してみるとスイングがきれいに見えてくる

振り戻すときも
胸を先に回して
腕とクラブが遅れる

下半身を止めて腕だけを振ろうとするとスイングの再現性に乏しく、上達に直結しない

シンプルスイング

クラブが腕振られる感覚

今度は実際にクラブを持ってスイン
しながら腕とクラブが象の鼻のよう
きたら最高。再現性の高いスイング

胸が目標を指すくらいまで回しましょう。時間差によって腕とクラブが遅れて下り、クラブヘッドがどんどん加速してフィニッシュに近いポジションまでクラブが振り抜かれます。

この素振りもトップとフィニッシュの間を往復させるように連続スイングを続けると何回振っても同じ軌道を描けるようになります。

この連続素振りはプロやシングルゴルファーたちも調子がおかしくなったときによくやる練習です。

体の動きやスイングの軌道を整える効果がとても高いからです。

マネどころ!

連続素振りで再現性の高いスイングを体感

振り幅はあまり大きくなくてもいいから、胸を左右交互に回してトップとフィニッシュの間を往復させるように 10 ～ 20 回ほど素振りを繰り返そう。同じ動作を繰り返しできるようになるのが目的

胸を先に回して
クラブが振られる
感じをつかもう
腕や手を使わなくても
胸の回転でクラブが
勝手に振られる

シンプルスイングの
完全マスター法❻

手を安定させておき、一重振り子の感覚で振る

ゴルフスイングは振り子のイメージ。支点を意識して軌道を安定させよう

PING
PING
支点
首の付け根を支点と考えて、
作用点のクラブヘッドを
速く動かす「一重振り子」の
イメージでスイング

スイングの支点は首の付け根と考える

ゴルフのスイングとは、クラブヘッドできれいな円軌道を描くことに尽きます。そういう意味で振り子のイメージを持つのはいいことです。首の付け根をスイングの支点とした一重振り子です。

作用点であるクラブヘッドが速く動いて大きな円軌道を描けばいいのであって、腕や手を速く動かそうとするのは無意味です。仮に手を支点にして腕や手を素早く振ったところでヘッドスピードが上がりにくいですし、クラブヘッドの軌道が波打ってしまいます。

一重振り子なら大きな円弧を描ける

大事なのは手を安定させておいて、体をスムーズに回転させること。腕とクラブを体の正面にキープして胸を左右に速く回すのです。

でも胸の回転に同調して両腕が象の鼻のように振られれば、バックスイングで手首を屈曲するコッキングの動作が働きますし、ダウンスイングでクラブヘッドが遅れ

上達するにはココをCheck

簡単・最速 POINT ポイント

スイング軌道の安定にはトップとフィニッシュでグリップを緩めないことが大切。グリップを確認してみよう

グリップが緩まないように握る

トップやフィニッシュでは、左手の小指側をしっかり締めて隙間ができないように握っておこう

両手に隙間があるのは緩みだ

左手小指側が緩んで隙間ができると、トップやフィニッシュのフォームが安定しない

二重振り子の意識は持たない

手にも支点を置いて、手を速く動かそうとすると二重振り子の動きとなり、軌道が安定しにくい

て下りることでタメが自然に作られます。

　二重振り子の動きのように見えても、実際は一重振り子であり、自分では腕や手を振っていないことを理解してください。

　それに一重振り子の運動によって大きな円弧を描けて、ゆっくり振るイメージでも実際はヘッドスピードが上がりやすいのです。

高さでスイング

ゾーン素振り 動きを理解

ルを正確にヒットするのが難し
つまり長い線とイメージしよう

フォロースルーは
左腰の高さで止める

インパクトをゾーンとイメージしてクラブヘッドを通過。「扇」の部分の軌道が安定する

インパクトゾーンは スイングの最重要パーツ

インパクトゾーンは腰、またはヒザくらいの高さの振り幅のことで、この扇の区間がスイングのもっとも重要な部分です。またインパクトを「点」ととらえずに、「線」とイメージすることでボールを正確にヒットしやすくなります。

このインパクトゾーン素振りは、扇の区間でクラブヘッドを正しく動かすイメージを把握するための練習です。

一番のポイントは、腕と手、クラブを体の正面にキープしたままで胸を左右に回すこと。胸の回転

マネどころ!

クラブヘッドの正しい軌道のイメージを把握

首の付け根を支点にして胸を左右に回せば、クラブヘッドが緩やかな円軌道を描く。インパクトを中心にしてイン・トゥ・インの軌道でクラブを振ることができれば、インパクトの正確性がアップする

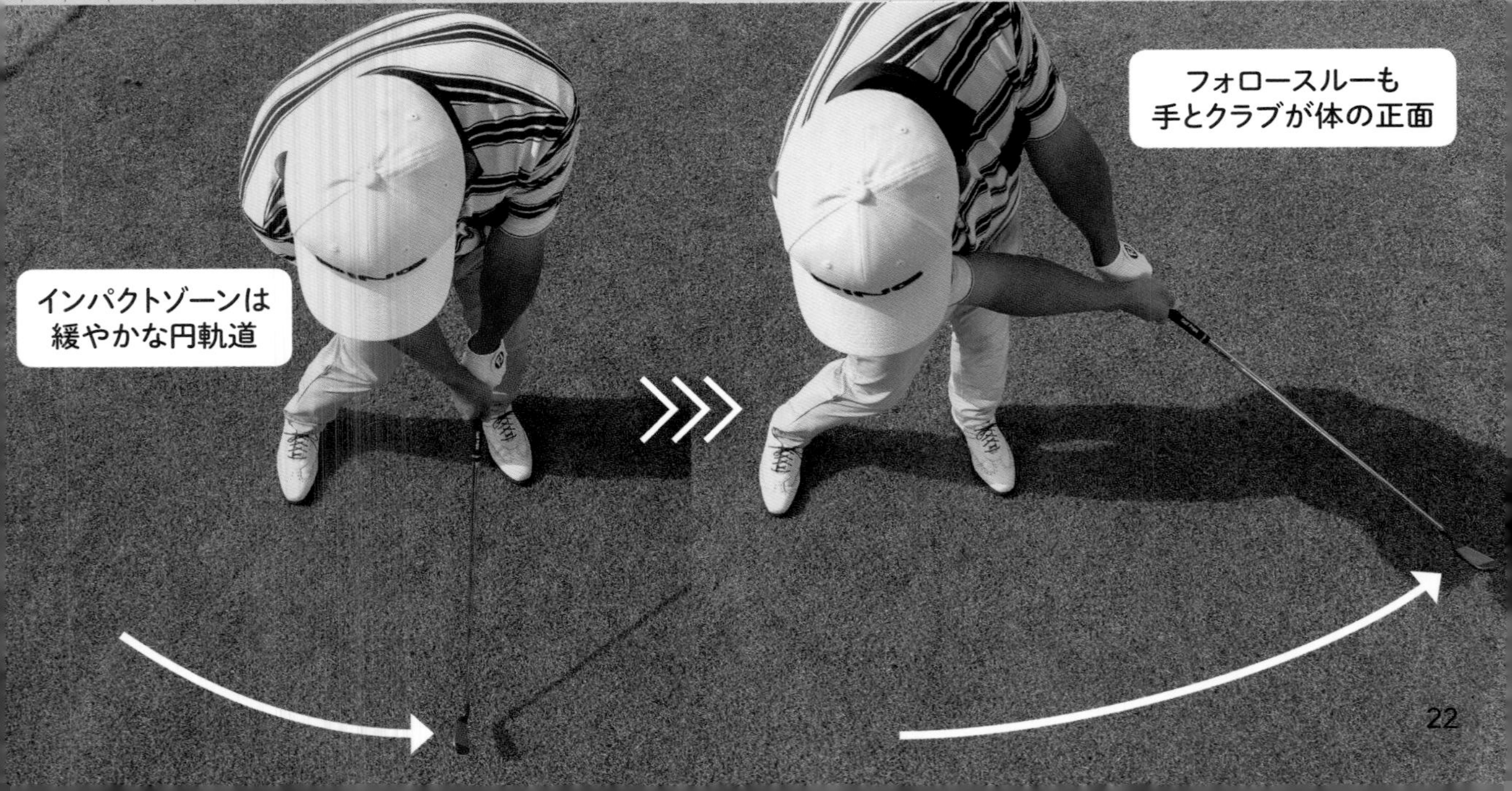
インパクトゾーンは
緩やかな円軌道
フォロースルーも
手とクラブが体の正面

右腰の高さまで
バックスイング

通常のアドレスを作り、胸を右に回そう。両手を右腰よりも高く上げないようにする

腰くらいの

インパクトでクラブの

インパクトを「点」と考えるとボー
い。そこでインパクトを「ゾーン」、

で腕とクラブが振られればクラブヘッドの軌道が安定し、スイングの再現性や反復性がアップします。

この練習ではクラブを腰よりも高く上げませんから、スイング中は両手やクラブがつねに視界に入ります。この振り幅においては腕や手、クラブが自分の背後に進む動きはいっさいありません。

胸の回転によってクラブヘッドが緩やかな円軌道を描きます。インパクトを中心とした左右対称のイン・トゥ・インの軌道となります。腕や手でクラブを振ろうとしてはこの軌道が崩れてしまいますから注意しましょう。

マネどころ!

スイング中、手と腕、クラブは体の正面にある

インパクトゾーンの軌道を安定させるには手や腕でクラブを操作しないこと。手と腕、クラブを体の前に固定したまま、腰くらいの高さで胸を左右に回そう。これが一重振り子の基本の動きとなる

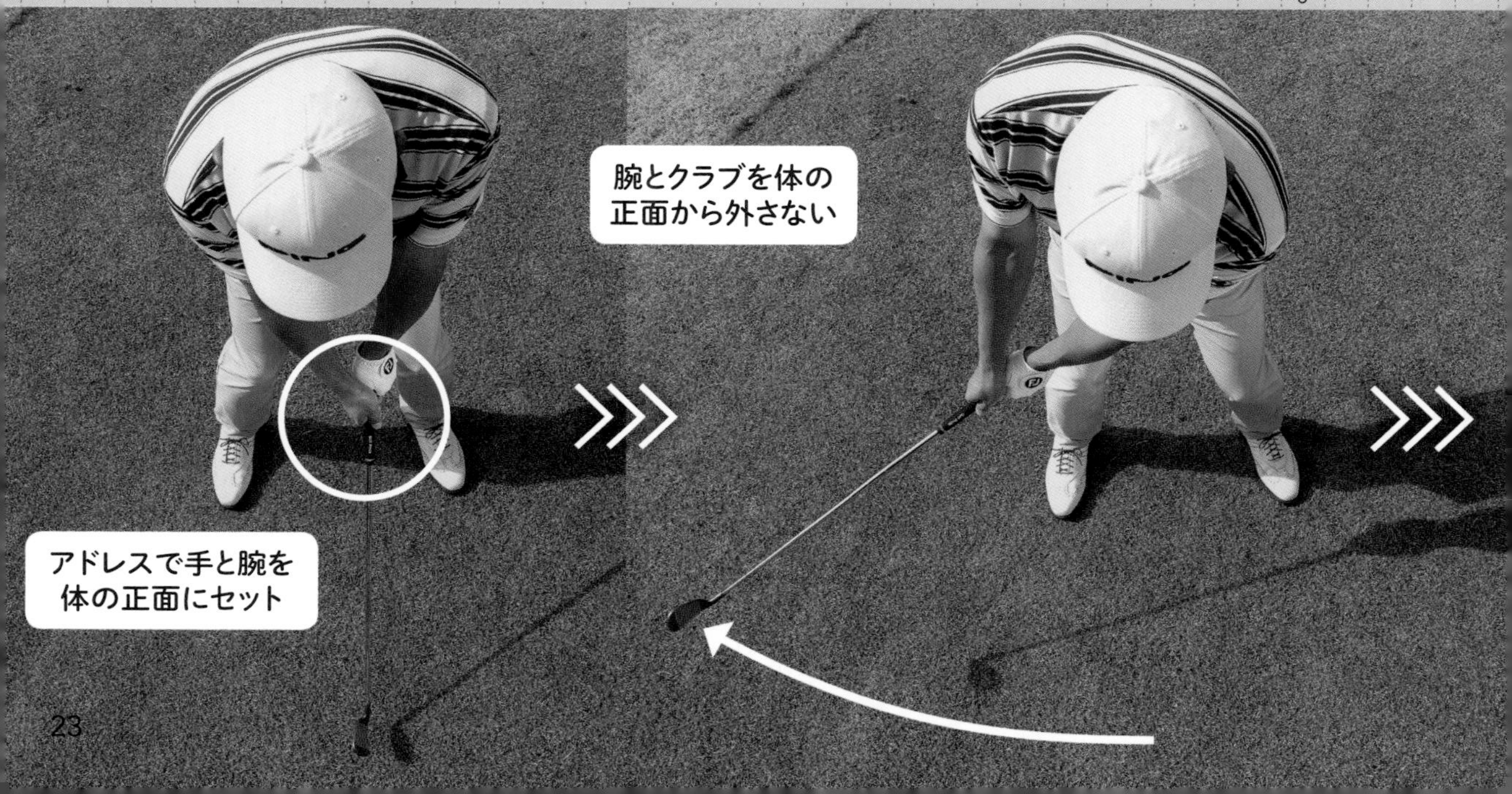
腕とクラブを体の
正面から外さない
アドレスで手と腕を
体の正面にセット

シンプルスイングの
完全マスター法⑦

インパクトの理想形を頭にしっかりインプット

正しいインパクトの形をしっかり理解しておくことも上達に欠かせない

アドレスの前傾角度をキープし、構えたときのライ角どおりにインパクトを迎えることが大切だ

アドレスのライ角をインパクトで再現

インパクトで上体が起きるとライ角が崩れてボールを正確にヒットできない

中井学の一口メモ

「インパクトはアドレスの再現」のポイントはライ角

「インパクトはアドレスの再現」といわれるが、再現の一番のポイントはクラブのライ角だ。インパクトゾーンの練習でもお腹を引き締めて前傾角度をキープし、構えたときのライ角どおりに打とう

お腹を緩めなければ前傾角度を保ちやすい

インパクトの原則は「アドレスのライ角の再現」と「軽いハンドファースト」と「スクエアフェース」の3つです。インパクトゾーンが安定してくると、ボールをとらえる瞬間のインパクトの形もきれいに決まるようになります。

「インパクトはアドレスの再現」といいますが、それがすべて正しいわけではなく、再現すべき部分は飛球線の後方のアングルから見たアドレスの前傾角度とクラブのライ角です。

インパクトでお腹が緩むと腰が前に出て上体が起きやすくなります。お腹に力をためておくつもりで前傾角度をしっかりキープしましょう。

そして腰を回転させて体重を左足に乗せれば、グリップがアドレスよりも少し左に移動し、軽いハンドファーストの形となります。

この2つが守られていればインパクトでフェースがスクエアに戻りやすくなり、フェース面とボールを正面衝突させるイメージで正確にヒットできます。

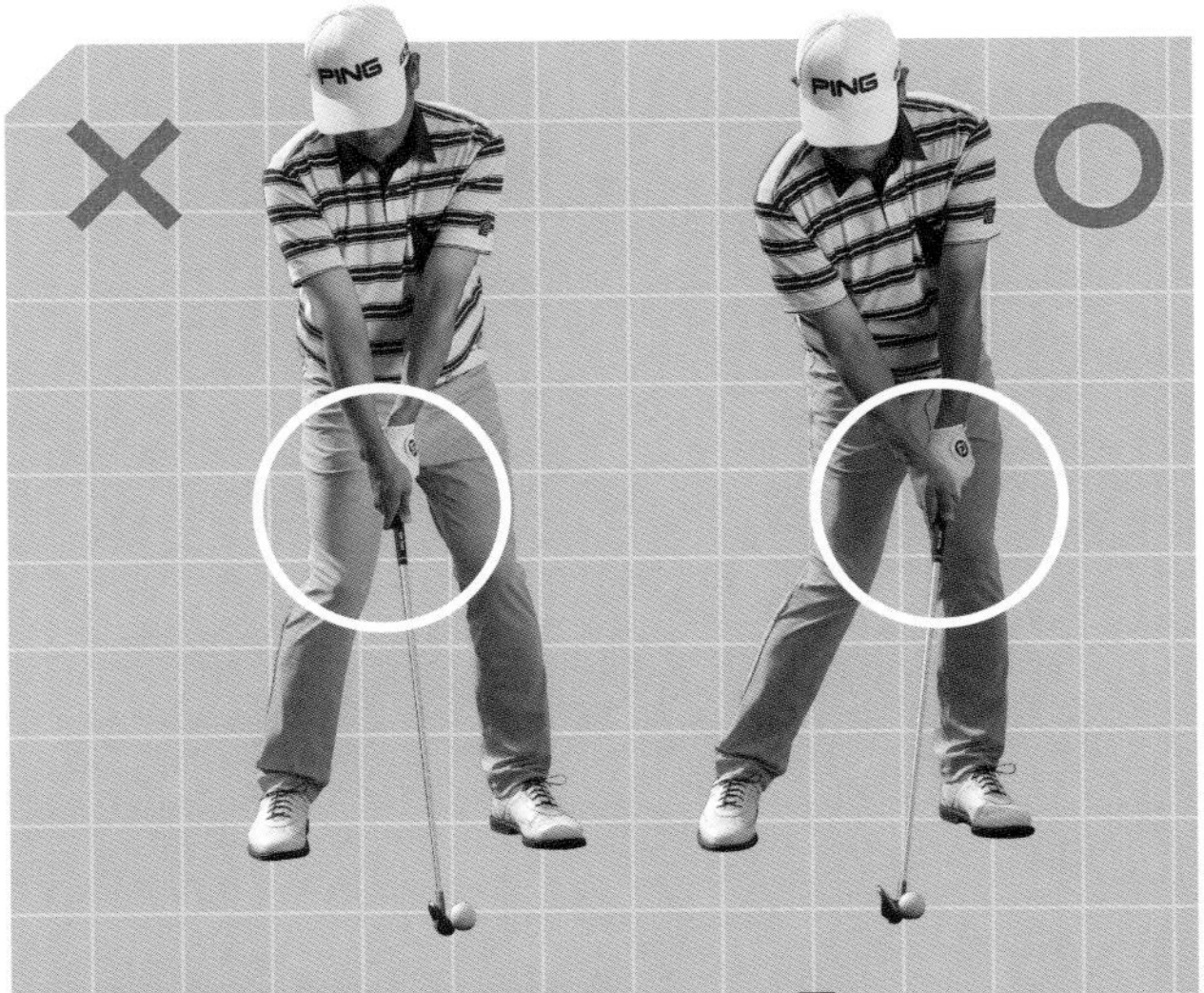

インパクトの形はややハンドファースト

インパクトではアドレスよりもグリップが目標側に移動し、ハンドファーストの形を作る（右）。ボールを上げようとするとグリップが右モモの前となりやすいので注意（左）

コレも重要！

フェースを真っすぐ戻してインパクト

フェースはスクエア

スクエアフェースでボールをとらえることが、ボールを狙った方向に飛ばすための絶対条件

向きが狂うのはNG

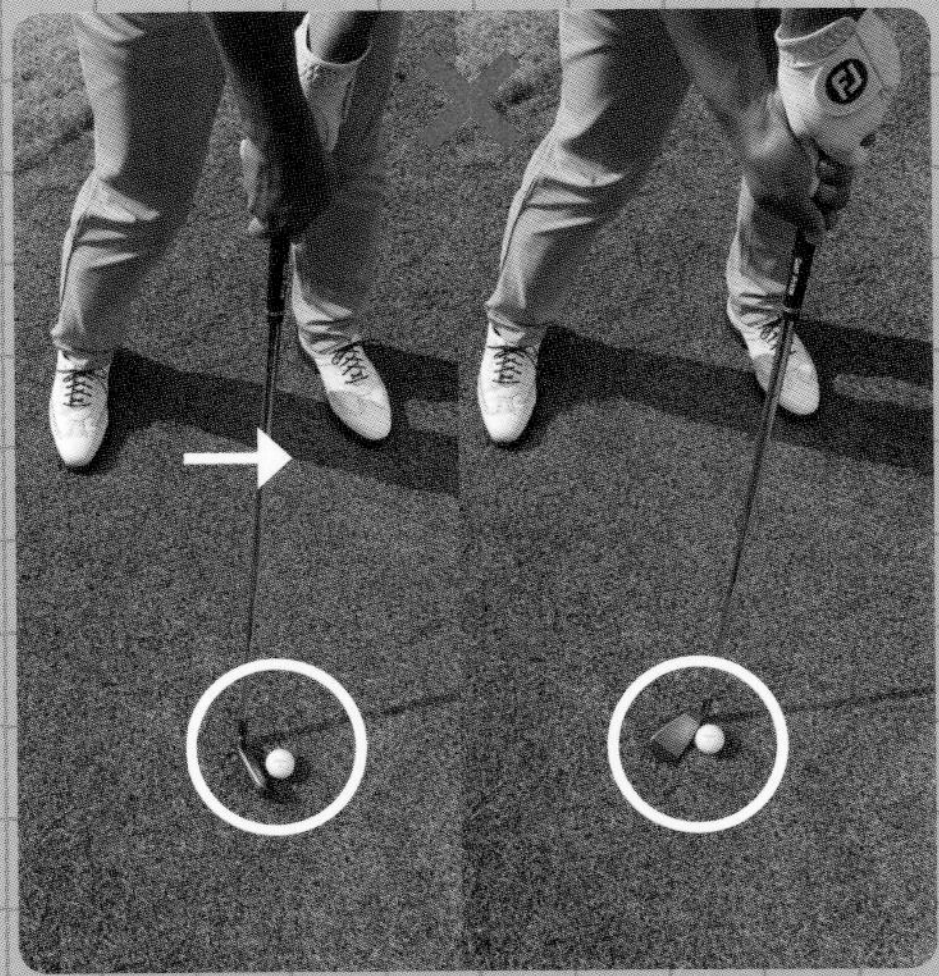

インパクトでフェースが開いたり（右）かぶったり（左）するとミスショットが生じてしまう

ブを水平に振る

スイング整えよう

ラブを肩くらいの高さで構えて
のスイングとは違う動きのよう
本が沢山詰まっているのだ

フィニッシュは右腕が水平

両腕が左に回旋し、フィニッシュへと向かう。体と腕の同調感がわかる

コッキングも両腕の回旋も自然にできる

この水平素振りには、スイング作りに欠かせない多くの要素が含まれています。

ひとつはインパクトの形です。インパクトゾーン素振りでも体感できることですが、クラブヘッドを元の位置に戻したときに右ヒジが曲がっていることが条件です。

また、インパクトの瞬間はまだ両手が返っておらず、ボールをヒットした直後から両手が返るのが正しい動きです。

その点を多くのゴルファーが誤解していますから、クラブフェースをインパクトの位置に戻したと

マネどころ!

バックスイングとフォローで腕を入れ替える

腕とクラブを真横にスムーズに振るには、バックスイングで両腕を自分から見て右に回旋し、フォロースルーでは両腕を左に回旋するのがポイント。両腕を入れ替えながらスイングするイメージだ

インパクトの位置でフェースを元に戻す。右ヒジを曲げることが大切
胸が目標を向くまで回転し、両腕が左側に回旋する

トップの位置で
左腕が水平

最初に構えた姿勢から胸を右に 90 度回そう。腕が右に自然に回旋する

上体を起こして構え、クラ

水平素振りでバランスを

水平素振りとは直立の姿勢になり、ク
腕を真横に振るスイングのこと。実際
に思えるが、実は正しいスイングの基

きは右ヒジが軽く曲がり、ハンドファーストの形を作ることを意識しましょう。

バックスイングで右側に回旋した両腕を、インパクトを通過してから左側に回旋する動きを「アームローテーション」といいますが、水平素振りを繰り返すとこの動きが自然に身につきます。

スイングのスピードを上げるために、バックスイングで手首を屈曲させるコッキングが働きます。これも水平素振りによって意識しなくてもできるようになります。

マネどころ!

インパクトでハンドファーストの形を意識する

この水平素振りでは通常のアドレスと同様、左腕を自然に伸ばし、右ヒジを軽く曲げて構えておくこと。インパクトでも右ヒジを曲げて、グリップを左に移動させてハンドファーストの形を作ろう

PING
直立の姿勢になり、
クラブを肩くらいの
高さで構える

PING
胸を右に 90 度回し、
両腕を右側に
回旋する

シンプルスイングの
完全マスター法❽

スイングに両手を肩より高く上げる動きはない

水平素振りで「腕を高く上げない」ことがわかる。これがスイングの肝だ

水平素振りで胸を
右に回した体勢から
上体を前傾させよう
それだけで
バランスのいい
トップの形が作れる

腕は縦振りに見えるが、横にしか振っていない

水平素振りで学んでいただきたいのは、とにかく腕を横に振っていればスイングができあがるということです。「腕を横に振る」ということが、正しいスイングのキーワードとなるのです。

バックスイングはアドレスの姿勢からトップの位置にクラブを上げる動作です。だとすれば腕を縦に振るのが正しいように思えるでしょう。でも違うのです。

試しに水平素振りで胸を右に90度回したところで静止し、そのまま上体を前傾してみてください。すると実際のスイングのトップが作られることがよくわかります。

水平素振りをしながら上体を前傾させよう

両手を右肩よりも高く上げているように見えますが、それは上体が前傾しているからで、実際には右肩と同じ高さでクラブを振っているだけなのです。フィニッシュでも同じことがいえます。

一番いいのは水平素振りを続け

上達するにはココをCheck

簡単・最速 DRILL ドリル

同じクラブで打ち続けるよりも、長さの違うクラブで交互に打つ練習が効果的。お勧めは９Ｉ、７Ｉ、５Ｗの３本だ。

９Ｉ、７Ｉ、５Ｗを交互に打つ練習をしよう

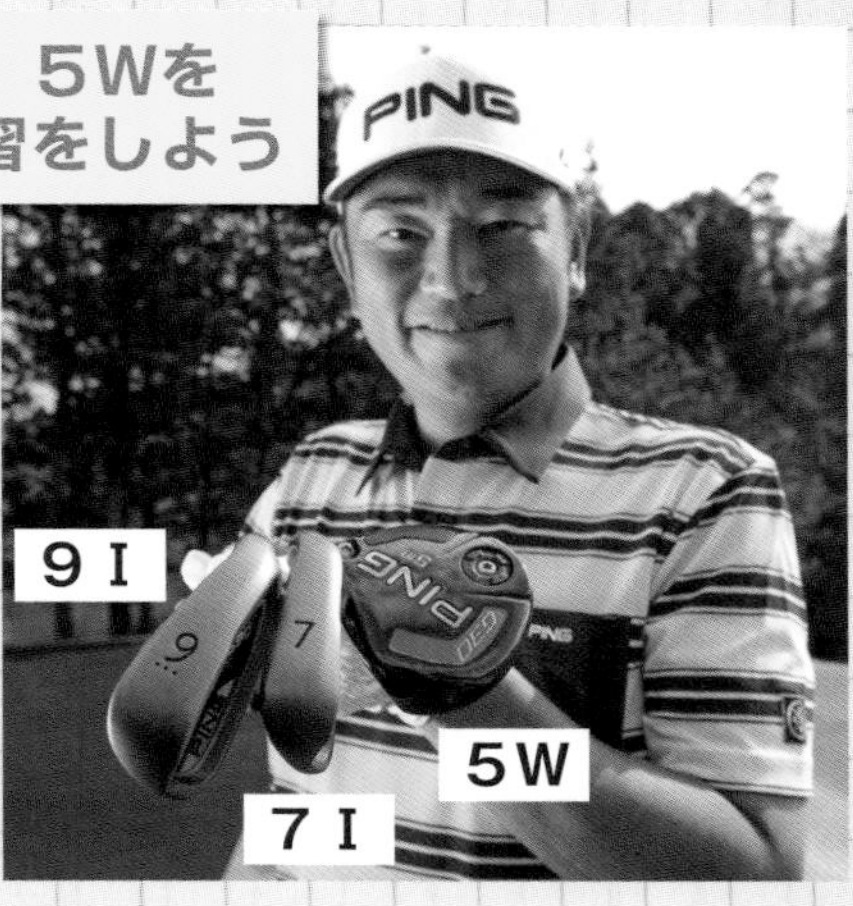

長さが違うクラブを交互に打つ練習はピッチングウェッジ、７番アイアン、ドライバーの３本の組み合わせでもＯＫ。クラブは違ってもボールの位置は心臓の前に統一しよう

インパクトゾーンの安定を第一に考える

７番アイアンは９番アイアンよりも球が上がりにくくなるが、ロフト角にまかせる気持ちでスイングしよう。結果的にインパクトゾーンが安定しやすい

５Ｗもアイアンと同じ感覚で打つ

３本とも同じ感覚でスイングできるようになることが練習の一番の目的だ。５番ウッドも７番アイアンの延長と考えればミート率が自然にアップする

胸を左に回した体勢から前傾しよう

水平素振りでフィニッシュまでクラブを振り抜いたら、その体勢のままで上体を前傾させれば実際のスイングのフィニッシュとなる

両手を右肩よりも高く上げるのは間違い。トップのバランスが悪くなってしまう

ながら少しずつ上体を前傾させていくやり方です。腕を横に振ったままでも前傾角度を強めていくほどスイングの円弧が傾いてきて実際のスイングに近づきます。

トップやフィニッシュの形は意図的に作るというよりも、腕を横に振っていれば自然に作られるということが十分に理解できます。

シンプルスイングの
完全マスター法⑨

テンポは速くてもいいが、タイミングはゆっくり

スイングはフォームの安定も大事だが、それ以上に重要なのがリズムだ

ニー
サン
「サン」でクラブを振り抜いていく
「ニー」でスイングをスタートする

タイミングが速すぎるのはミスのもと

スイングにはリズム、テンポ、タイミングの3つの要素があります。リズムとは「イチ、ニ」などの拍子のことで、テンポは動きのスピードを表します。タイミングはボールをとらえるための「間」のことで、「イチ、ニー」といったリズムやテンポをどう合わせていくかがカギとなります。

ポイントはテンポが速くてもいいけれど、タイミングは「ゆっくり」を心掛けることです。プロたちのスイングは速く見えますが、トップからダウンスイングへと向かう切り返しのタイミングはゆっくりです。一方で多くのアマチュアは、スイングは速くないのに切り返しの間がなく打ち急いでしまっています。要はタイミングが早くなっているのです。

アドレスを加えた「3拍子」がベスト

リズムやテンポは固有のものですし、人それぞれ違います。でもタイミングを整えやすい方法とし

上達するにはココをCheck

簡単・最速 POINT ポイント

リズムは体がスムーズに動かせるような「体内時計」と考えよう。アドレスを加えた3拍子もいいが、本来は2拍子だ

体の動きは歩行と同じ2拍子が原則

歩くときのリズムをイメージすれば下半身主導の2拍子でスイングしやすくなる。ナチュラルな動きを引き出せて、インパクトのタイミングも合いやすい

「イチ、ニー」でもOK

「イチ」でバックスイングして、「ニー」でダウンスイングする完全2拍子を意識するのもいい

アドレスを作ったら「イチ」

てはアドレスを作ったところで「イチ」、そして「ニー」でバックスイングをスムーズに開始し、「サン」でダウンスイングするのがいいでしょう。アドレスを加えた3拍子でテークバック始動のタイミングが整いやすくなりますが、スイング自体は2拍子であることを理解してください。

シンプルスイングの
完全マスター法⑩

自分のマックス以上のスイングは絶対にしない

ミスばかり出るときは力みや大振りが原因。出力を下げてスイングしよう

力んだり振り回したりすると、インパクト前に顔が目標を向いて上体が起きてしまうケースが多い

6～7割のフィニッシュでもきれいに決まればカッコよく見える

中井学の一口メモ

6～7割くらいの出力に抑えてスイングする

その日の体調や調子に合わせてスイングの出力を加減することも大事。無理なくスイングすればバランスよく振れて、ボールを正確にヒットしやすい

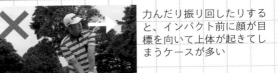

chapter 2

ヘッドターンを覚えて一気にレベルアップ

遠くに飛ばせるドライバーはゴルフの一番の醍醐味。ドライバーのミスを減らすためには「ヘッドターン」を覚えることが絶対条件。このチャプターではボールを正確にとらえるポイントを紹介。ワンランク上の飛距離が出るスイングをマスターしよう。

Gaku Nakai

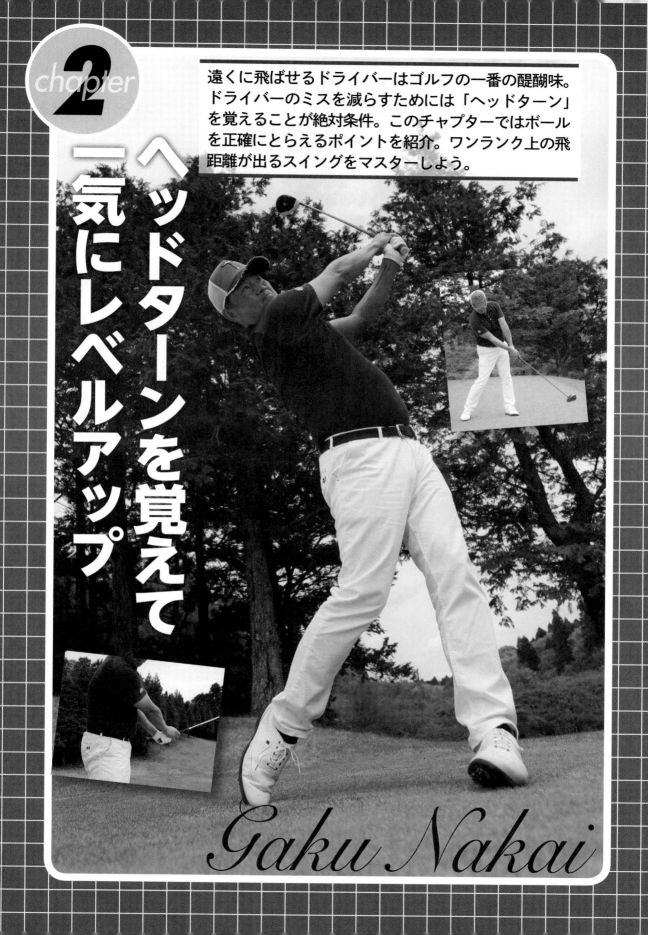

ヘッドターンを覚えて
一気にレベルアップ❶

クラブヘッドの返し方を先にマスターしよう

ヘッドターンがどうして重要なのか？　最初にその理由を正しく理解しよう

ヘッドターンを使って打つのが大前提
ボールを遠くに飛ばせる人はヘッドターンができているから、ボールのつかまりがいい

腕を振りすぎるからヘッドが返らない

ボールのつかまりが悪い。フェースが開いて当たり、スライスばかり出てしまう。そんな症状に陥っている人は「振り遅れているからだよ」なんていわれませんか？

でも、振り遅れているからボールがつかまらないというのは実は大きな間違いです。

ボールをつかまえようとして腕を速く振ろうとするため両手がどんどん先に進み、クラブヘッドが遅れてフェースが開いてしまうというのが真相です。

私のこれまでのレッスン経験からいいますと、ゴルフがなかなか上達しない人はこうした勘違いが原因で正しい動きと逆行していたというケースがほとんどです。

ヘッドターンができればスイングが成立する

そういう意味で振り遅れているゴルファーなんていないのです。「振り進みすぎ」が諸悪の根源ですから、まずは腕だけを速く振ろうという意識を捨てましょう。

上達するにはココをCheck

簡単・最速POINTポイント

ヘッドターンはチャプター１でマスターしたシンプルスイングを応用するだけでいい。ヘッドターンでドライバーがすぐに上達する

プレッシャーに強いスイングを作り上げよう

腕や手に依存しない合理的なスイングなら、緊張したときも体がスムーズに動き、ヘッドターンも自然にできる。腕や手が主体のスイングでは緊張したときに崩れやすい

理論武装は上達の妨げとなりやすい

スイングを理論で武装して「腕をこう振ろう」と考えてばかりいたり、スイングの形ばかりにこだわったりするのは逆効果。いらない知識は詰め込まないこと

腕を速く振るほどヘッドを返せなくなる

腕を振ることばかりに意識がいくと両手がどんどん先行してクラブが遅れて下り、ヘッドターンができなくなる

皆さんに目指していただきたいのは「ヘッドターン」のマスターです。

　いつもグッドショットが打てる人と、飛ばないし曲がってばかりと悩んでいる人の一番の差は、ヘッドターンができているかどうかなのです。

インパクト後、両手をクラブヘッドが追い越す

ヘッドターンを覚えて
一気にレベルアップ❷

クラブヘッドをどう返せばいいのかを覚えれば驚くほど上達する

両手よりもヘッドの運動量を多くする
インパクト後にヘッドを両手より先に行かせるようにどんどん加速させよう

両手とクラブヘッドの運動量の差を考える

多くのアマチュアゴルファーはヘッドターンがなかなかできません。それは、手や腕でクラブを一生懸命に動かそうとするからです。

ゴルフのスイングを首の付け根を支点とした振り子運動と考えれば、支点から一番遠く離れたクラブヘッドの運動量が大きいのは当然のことです。本来は両手の運動量は小さくても大きく動かそうとするから、肝心のクラブヘッドの運動量が制限されてしまうのです。

両腕の回旋とヘッドターンを同調

正しい腕使いの基本は「アームローテーション」にあります。ローテーションとは「回旋」とか「入れ替え」のことで、このアームローテーションとヘッドターンをリンクさせればボールがしっかりとつかまるようになり、グッドショットの確率が劇的にアップします。

ポイントはインパクト後にクラブヘッドが両手を追い越すイメー

上達するにはココをCheck

簡単・最速 DRILL ドリル

両腕のローテーションが自然にできる条件を知るにはオープンスタンスドリルが効果的。深い捻転《ねんてん》がポイントだ

スタンスだけをオープンにセット

肩と腰は飛球線と平行。フェース面もターゲットに真っすぐ向けて極端なくらいオープンスタンスに構える

深い捻転が両腕の回旋を引き出す

左の肩甲骨を引っ張るイメージでバックスイング。スクエアに構えるよりも捻転がきつく感じられる

ダウンスイングで捻転を一気にほどくことで両腕をスムーズに左に回旋しやすくなることがわかる

腕を振ることばかりに意識がいくと両手がどんどん先行してクラブが遅れて下り、ヘッドターンができなくなる

アームローテーションがヘッドターンの原動力

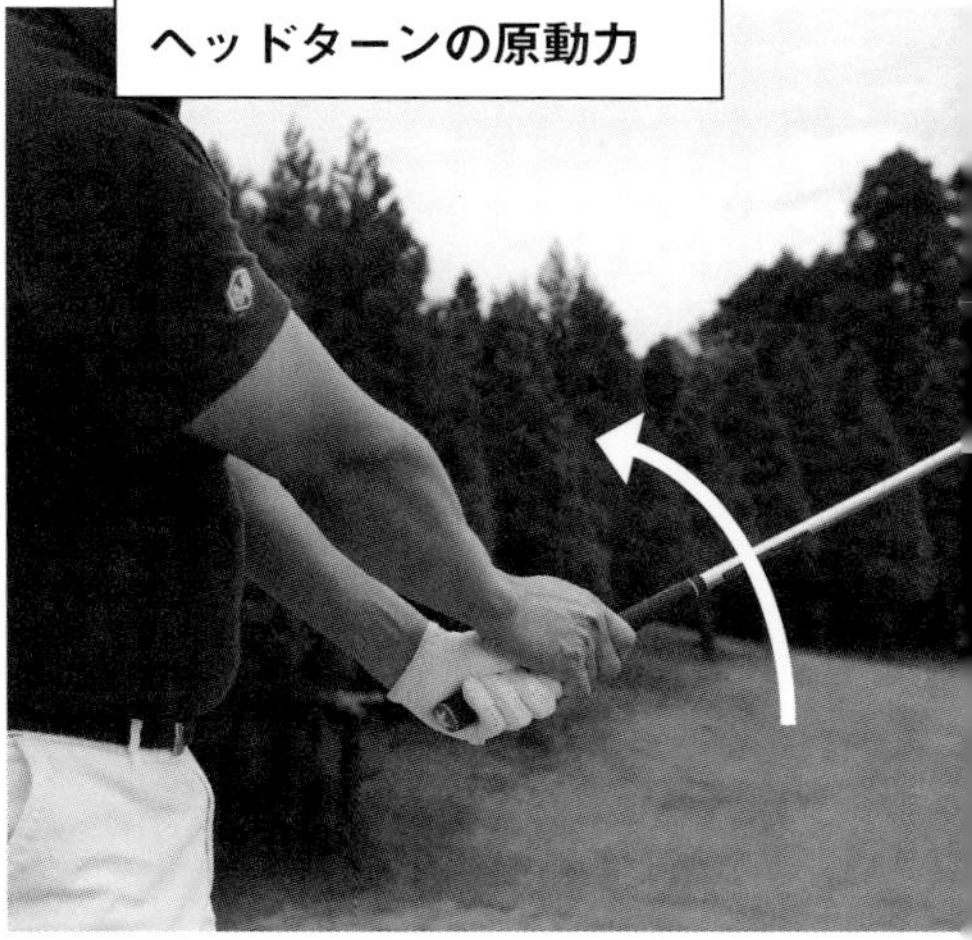

両腕の全体を回旋する動きがスムーズなヘッドターンを生み出す

ジで振り抜くこと。インパクトエリアのヘッドターンの過程の中でボールをスクエアにとらえたら、クラブヘッドの運動のギアをどんどん上げていくのです。

プロたちはヘッドターンが過度になりすぎるケースがありますが、ボールがつかまらないという人はヘッドターンを意識しましょう。

ヘッドターンを覚えて
一気にレベルアップ❸

スイングの大原則はアームローテーション

ここではクラブを持たずに両腕を左右に回旋する基本動作を覚えよう

右に回した両腕をインパクト後に左に回旋すればアームローテーションが成立する

球が自然につかまる動きが究極の理想

プロたちのスイングはボールがつかまりますが、多くのアマチュアはボールを一生懸命につかまえようとして逆につかまりにくくしています。

それは、腕や手を一生懸命動かそうとするからです。

理想としては、自分で意識しなくてもボールがつかまってくれるスイングがベストです。

胸を左右に回転すれば腕が勝手についていき、ヘッドターンが自然にできてしまうというスイングです。

本当は腕の振りは意識するべきではないのですが、ヘッドターンをマスターするために両腕を左右に回旋する練習を積んでアームローテーションを習得してください。

ダウンスイング以降で右肩を回しすぎない

ただし、手首だけを回そうとするのはいけません。両肩の付け根から先の両腕の全体を回旋する意識が必要です。

上達するにはココをCheck

簡単・最速 DRILL ドリル

ここで紹介するクローズスタンスドリルも両腕のローテーションのマスターに大きく役立つ。早速やってみよう

スタンスだけクローズにする

スクエアの構えから左足を大きく後ろに引いてクローズスタンスで立つ。肩と腰は飛球線と平行にセットする

ダウンスイング後は右肩を止める

オープンスタンスドリルと比べてバックスイングの回転量が多い。そこから胸をあまり開かずに振り下ろす

右肩をトップの位置に止めておくイメージでクラブを振り抜く。両腕の回転がスムーズになることがわかる

右手と左手を離して
アドレスの位置に手を伸ばす

バックスイングで
両腕を右に回す

両腕を自然に下げてアドレスの姿勢を作り、胸を右に回しながら両腕を右側に回旋させる

また右肩を速く回そうとするのも間違った動きにつながるので注意しましょう。

スムーズなアームローテーションと連動してヘッドターンがしっかりとできるようになれば、ヘッドスピードが自然とアップします。自分の最大の飛距離を手にすることができるのです。

ヘッドターンを覚えて
一気にレベルアップ❹

左腕よりも右腕のローテーションを重視

両腕のローテーションは右腕使いがコツだ。マスター法を学ぼう

右ヒジを下に向けて
右前腕部を回していく

右胸を大きく張るようにして右手を上げていく。右ヒジをたたみながら右ヒジから先を自分から見て右側に回旋する

中井学の一口メモ

右腕のローテーションをチェックしよう

バックスイングでは左腕の動きに意識がいきやすいが、目につきにくい右腕の動きが重要。右腕を正しく回旋できているか確認しよう

右ヒジをたたみながら右前腕部を回旋する

バックスイングでは右ヒジをたたみながらクラブを上げていきます。アドレスで右ヒジを軽く曲げて構えれば右ヒジが下を向きます。その右ヒジの向きをキープしてトップの位置へと上げましょう。

右ワキを意図的に締めるということではなく、右ヒジを地面のほうに向けておくだけでいいのです。

そして右の肩甲骨を後ろに引きながら、右ヒジから先の右前腕部を親指側にねじり回します。

そうすると右手のひらが斜め上を指し、トップではソバ屋の出前持ちのような形となることがわかります。

この右ヒジのたたみと右前腕部の回旋ができないと、バックスイングで右ヒジが浮き上がり、クラブがアウトサイドに上がってしまいます。

結果として正しいアームローテーションができず、インパクトエリアにおけるヘッドターンもできなくなってしまうのです。

右腕だけで素振りして右腕のローテーションを覚えましょう。

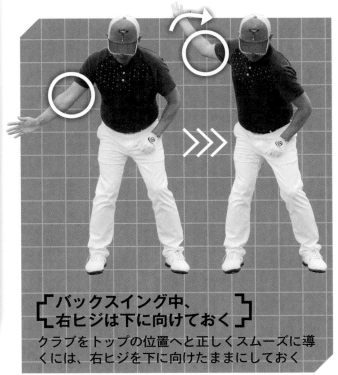

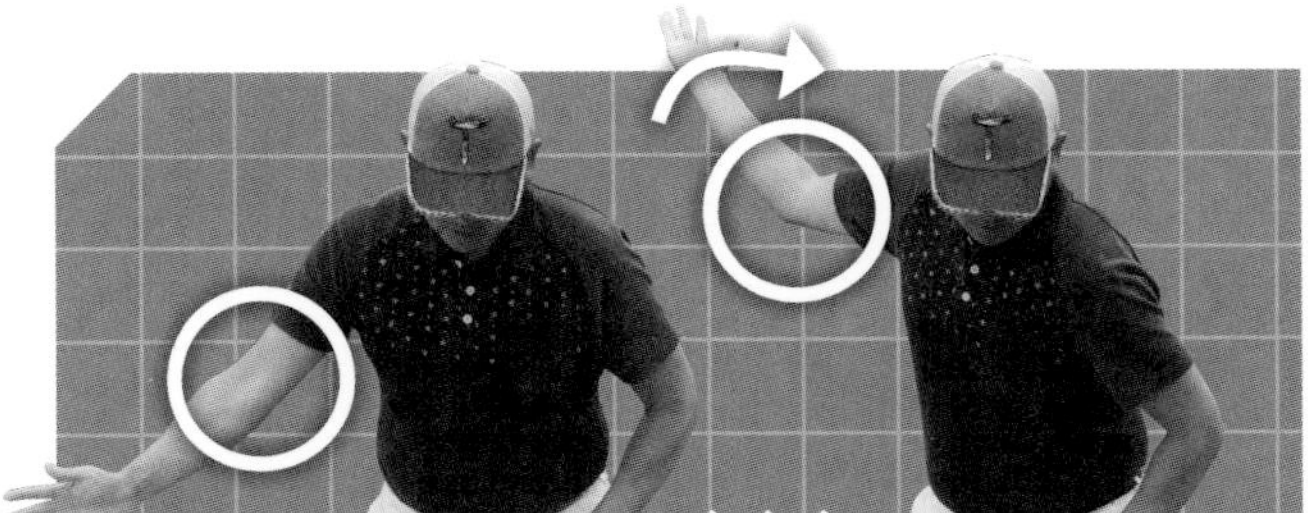

バックスイング中、右ヒジは下に向けておく

クラブをトップの位置へと正しくスムーズに導くには、右ヒジを下に向けたままにしておく

ココに注意！

右手だけで上げたら左手を右手に添える

トップが作れたらOK

右手をトップの位置まで上げ、左手を右手に添えてみよう。バランスのいいトップの形がすぐに作れたら右手を正しく上げている証

右ヒジを上に向けない

バックスイングで右ヒジが上を向き、浮き上がってしまうと正しいトップが作れない

ヘッドターンを覚えて
一気にレベルアップ⑤

バックスイングは左腕の長さを変えないイメージ

右腕に対して左腕はどう動かすべきか？　できるだけ曲げないのが正解だ

左腕をすんなりと
伸ばして構え、
バックスイング中も
左ヒジを曲げない
×
バックスイングで左ヒジが大きく折れ曲がると、結果的にアームローテーションができなくなる

左腕が曲がる動きはローテーションの大敵

正しいアームローテーションをマスターするための条件として、左腕をできるだけ曲げないこともあげられます。

　左腕の屈曲はアームローテーションの一番の敵といってもいいほどです。

　バックスイングで左ヒジが大きく折れ曲がったり、フォロースルーで左ヒジが折れて引けたりすると両腕の回旋がスムーズにできず、スイング軌道がぶれてしまいます。

　当然ヘッドターンも行われず、ボールを正確にとらえられません。

　左腕を伸ばすといっても左ヒジが突っ張ってはいけません。アドレスで左腕を脱力してすんなりと伸ばしておき、その左腕の長さを変えないイメージでバックスイングしましょう。

肩周りを柔軟にする体操を日課にしよう

　この動きがなかなかできない人は肩周りの筋肉や関節が硬くなっているために、肩甲骨の稼働がう

上達するにはココをCheck

簡単・最速 POINT ポイント

スムーズなアームローテーションは肩甲骨の柔軟性が不可欠。いつでも簡単にできるストレッチを紹介しよう

両ヒジを90度に曲げて両腕の前腕部を立てる

両ヒジを真っすぐ立てた姿勢から背中側の左右の肩甲骨を引き寄せるストレッチを繰り返す

背中を伸縮させて肩甲骨の稼動を広げる

まず両腕を左右に水平に伸ばして背中を丸める。次に両腕を後ろに回して胸を張る。これを数回繰り返そう

左ヒジを伸ばせば捻転が深くなる

左の肩甲骨が引っ張られるイメージが強調されて、上体の回転角度が深くなる

まく使えていないことが考えられます。日頃から運動不足になりがちな人は、両腕をグルグル回す体操などで肩周りにほどよい刺激を与えることを日課にしましょう。

アメリカ大リーグの前田健太投手がルーティーンにしている「マエケン体操」なども効果的で、肩凝りや肩痛防止にも役立ちます。

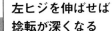

ヘッドターンを覚えて
一気にレベルアップ❻

ヘッドターンの結果、スクエアフェースに戻る

チャプター1のシンプルスイングのをおさらい。安定した円軌道をイメージしよう

中井学の一口メモ

〈クラブを丸く振る動きを理解しよう〉

ドライバーも首の付け根を軸にして体を回転すればクラブヘッドが自然に円軌道を描く。これがプロたちのいう「クラブを丸く振る」動きだ

インパクトではフェースがスクエア

クラブヘッドを返す動きによって軌道がイン・トゥ・インとなり、インパクトでフェースがスクエアに戻りやすい

ヘッドターンの結果、フェースが正しく戻る

ヘッドターンがどうして大事かというと、インパクトでフェースを正しい角度に戻しやすくするためです。

首の付け根を支点とした振り子運動をイメージすれば、クラブヘッドできれいな円弧を描くように振るのが、理想のスイングだということが理解できるでしょう。

胸を左右に回転した結果、バックスイングではクラブヘッドが飛球線の内側のインサイド方向に上がり、ダウンスイングもインサイドから下りてきて、インパクト後もインサイドへと振り抜かれます。

アームローテーションとヘッドターンの同調によってイン・トゥ・インの軌道で振ることができ、ボールを真っすぐとらえやすくなるのです。

フェースを目標に真っすぐ出そうとしてはヘッドターンができません。

最初のうちは両腕を積極的に回旋させるつもりでスイングし、ボールをしっかりとつかまえる感覚をつかんでください。

「真っすぐ振ろうとするとフェースが開く」

クラブヘッドを目標に向けて真っすぐ出そうとしてはヘッドターンができず、フェースが開いて当たってしまう

やってみよう！

スプリットハンドでヘッドターンを覚える

右手は2本の指だけで持つ

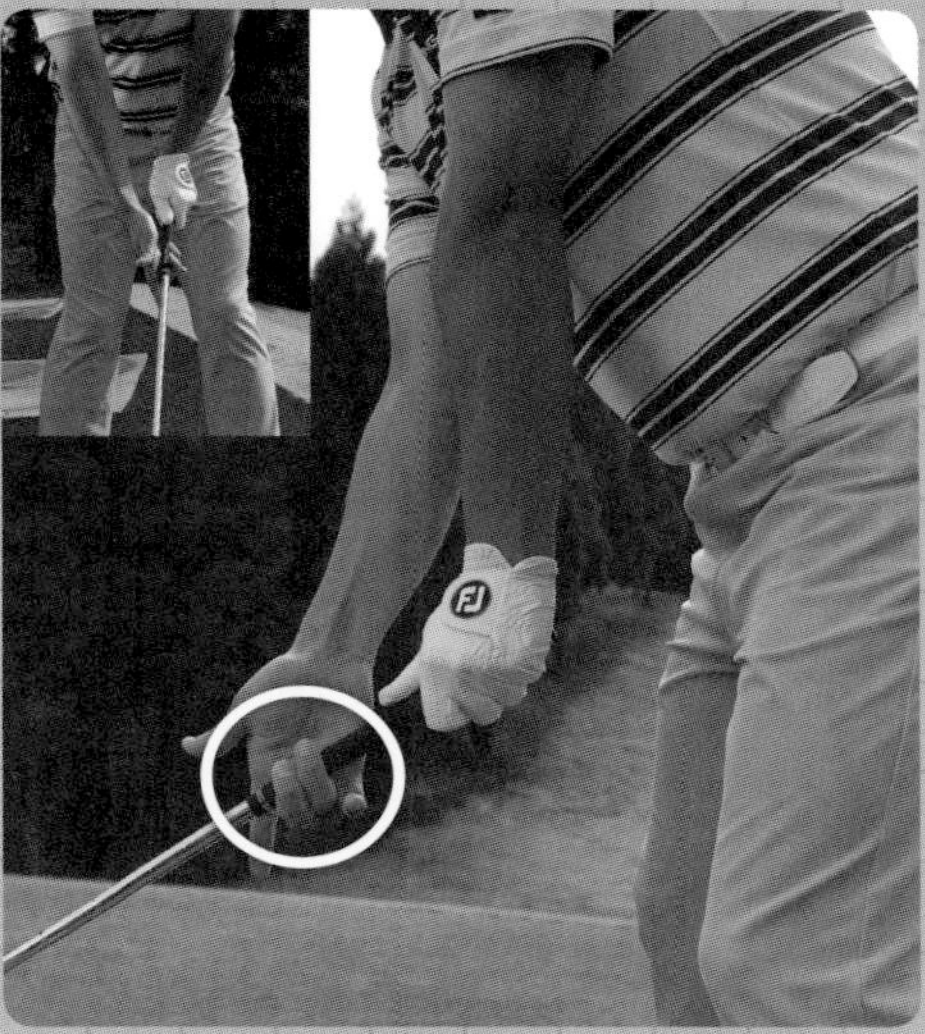

両手を離して左手は通常に握り、右手は中指と薬指の2本でグリップに巻きつけるように持つ

打った後に両手を返す

右ヒジを軽く曲げて右手のひらが目標に正対するように構え、小さめのスイングで打つ。インパクト後に両手を返すのがコツ

ヘッドターンを覚えて
一気にレベルアップ⑦

アドレスの前傾姿勢に対して胸を平行に回そう

体の回転は「軸回転」と考えて欲しい。体の回し方を間違えないようにしよう

肩は斜めの角度で回転するのが正解

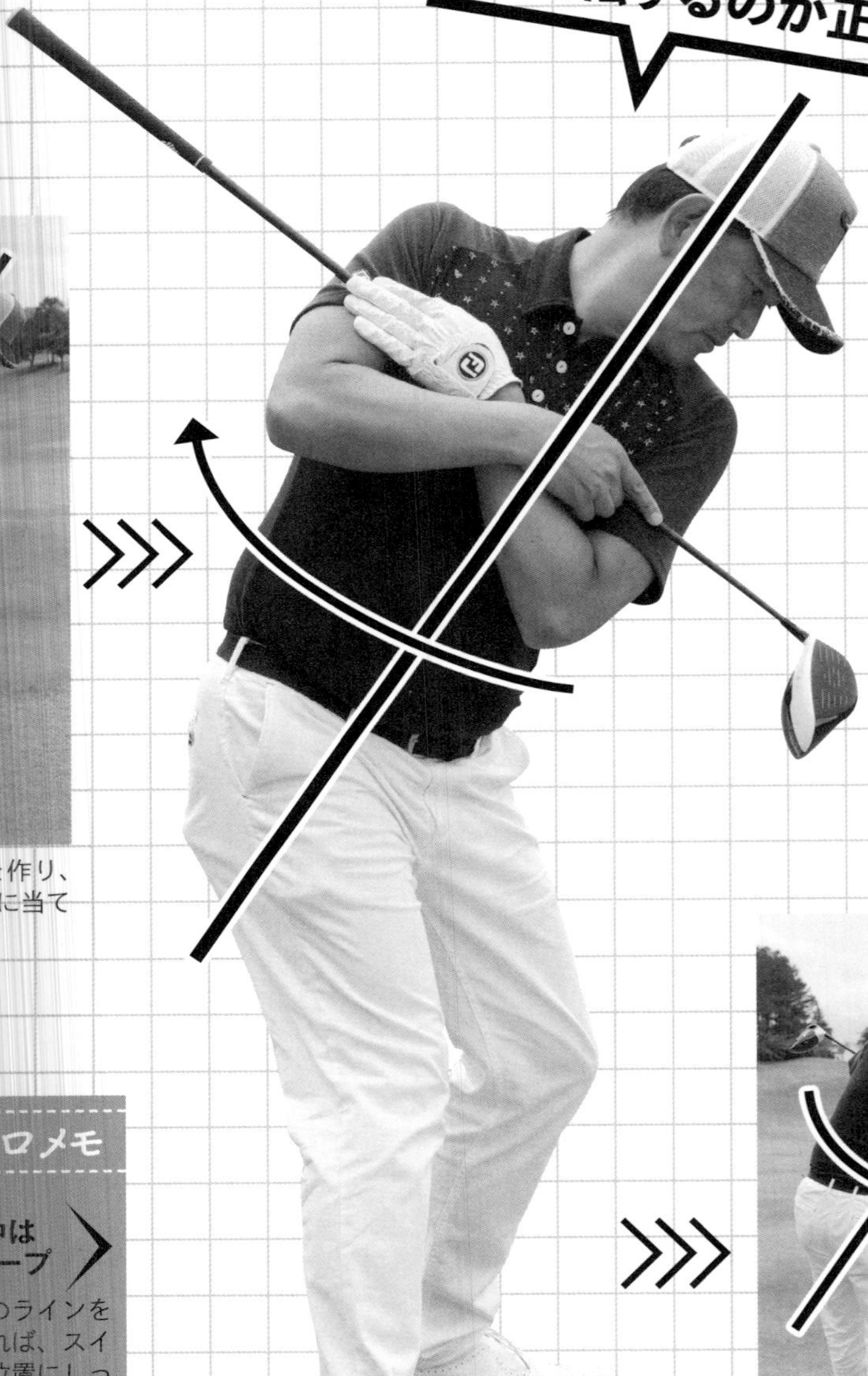

アドレスで前傾姿勢を作れば軸も当然、前に傾く。その軸に対して肩を平行に回すのが正しい

アドレスの前傾姿勢を作り、胸の前のクラブを平行に当てて胸を右に回そう

中井学の一口メモ

〈スイング中は前傾軸をキープ〉

首の付け根と背骨のラインをスイング軸と考えれば、スイング中は軸をその位置にしっかりキープすることが大切。肩よりも胸の回転観点を意識するほうがシンプルだ

クラブを胸に当てて正しい回転を体感

私はアマチュアゴルファーの方々にスイングを教えるとき、「肩を回しましょう」とはいっさい口にしません。なぜなら、肩の回転を意識させると様々な弊害が起こりやすいからです。「肩を回そう」と思うと、多くのゴルファーは肩を地面と平行に回そうとしがちです。

その結果バックスイングで上体が起きたり、インパクトでお尻が前に出て頭の位置が高くなったりしやすいのです。

何度も申し上げますが、上体の回転は肩よりも胸を意識するほうが間違いは少ないといえます。クラブを胸の前に当てて、胸を左右に回してください。「胸を回そう」と思えばアドレスの前傾角度や頭の高さをキープしやすいように感じませんか？

胸を正しく回転すれば、肩も前傾軸に対して直角の角度で回ります。アドレスで前傾姿勢を作っているのですから肩は斜めの角度で回転するべきで、地面と平行に回るのは間違いだと気づくはずです。

ショルダーターンの意識を捨てよう

プロたちは肩を回す意識はそれほどない。むしろ胸を左右に回すイメージのほうが軸回転がしやすく、無駄な動きを省ける

やってみよう！

ハイティアップでボールを正確にヒット

ティアップを高くする

うんと高いティアップで練習。クラブヘッドをボールの高さに合わせて構える。クラブは9番アイアンがいい

転がすイメージで打つ

ボールを上げようとするとボールの下のティを打ってしまう。低い球を打つつもりでボールだけをクリーンに当てよう

ヘッドターンを覚えて
一気にレベルアップ❽

左手甲をかぶせすぎるとヘッドが返りにくくなる

ヘッドターンがなかなかできない。そんな人は左手グリップを再チェック

アームローテーションとヘッドターンを覚えるにはスクエアグリップがいい

左手をかぶせすぎると両腕が回旋しにくい

グリップの握り方については、左手のナックルが2つ見えるくらいにかぶせて握り、右手のひらを左手の甲と同じ向きに揃えるというのが基本といわれています。

軽いストロンググリップというわけで、このように握ればアームローテーションを少し入れただけでもヘッドターンしやすく、ボールのつかまりがよくなります。スライスが出やすい人にとってはピッタリのグリップといえます。

しかし、左手甲を真上に向けるほどの超ストロンググリップに握ると逆に両腕の回旋が難しくなってしまいます。プロの中には左手を深くかぶせて握る人もいますが、これは球のつかまりすぎの防止や、フェード系の球を安定させたいという理由からです。

スムーズに回旋できるグリップを見つけよう

自分では両腕を回旋させているつもりでもうまくいかない。ヘッドターンがなかなかできず、スラ

上達するにはココをCheck

簡単・最速
POINT
ポイント

グリップを握る強さもアームローテーションに大きく関係する。適切な握り加減のマスターも欠かせない要素だ

左手の小指側の3本をしっかり締めておく

グリップの中心となるのは左手の小指、薬指、中指の3本。この部分がスイング中も緩まないようにすることが大切だ

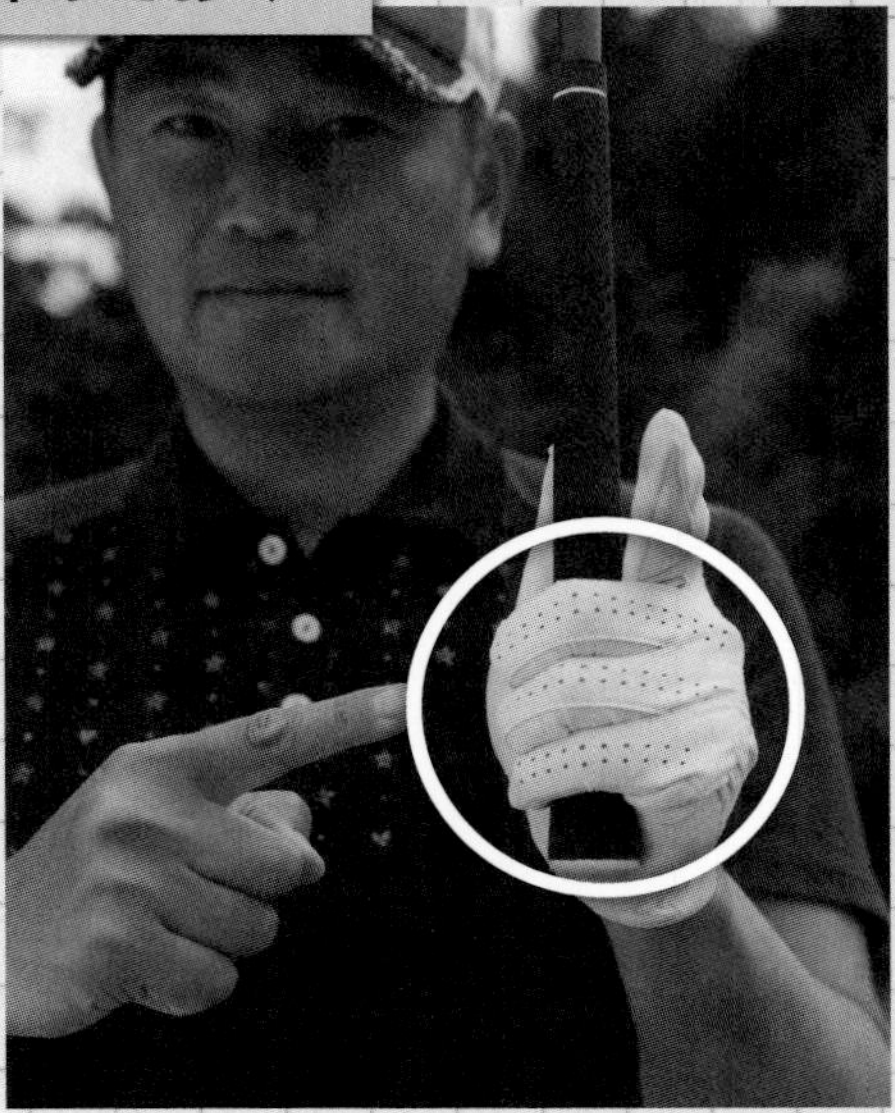

左手の握り圧をキープ

トップやインパクトで左手の小指側が緩むとスイングの軌道がぶれたり、当たり負けしたりしやすい

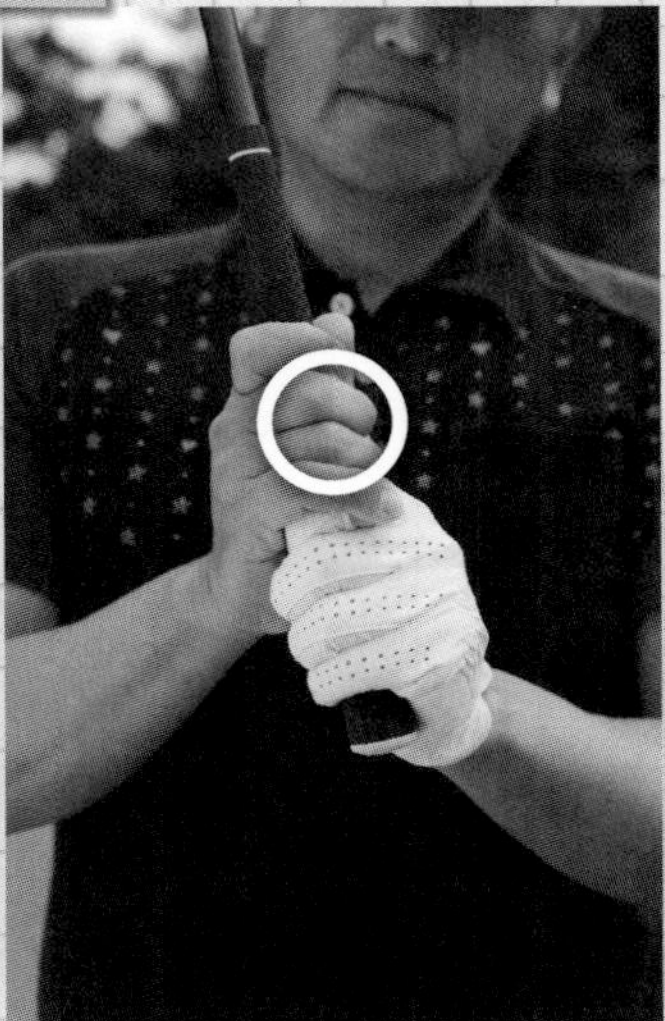

構えたときの左手グリップの圧力をスイング中も変えない。右手は中指と薬指の2本が中心だ

ストロングに握りすぎるとヘッドターンしにくい

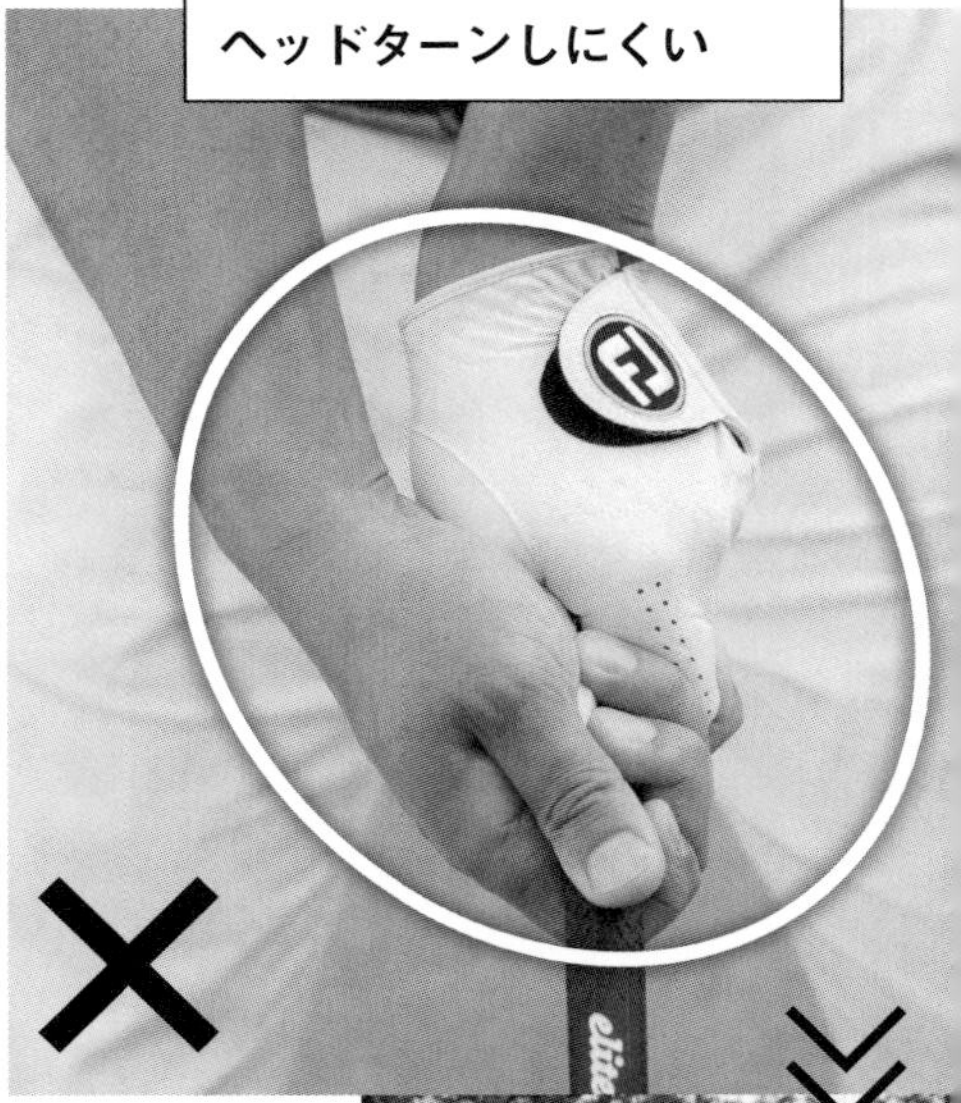

ストロンググリップに握るのは悪いことではないが、左手を極端なくらい深くかぶせるとフォローで左ヒジが引けてしまいやすいので注意

イスが止まらない。そうした自覚症状のある人はストロンググリップに握りすぎるのが原因かもしれません。

　左手のかぶせ具合を少しずつ浅くし、スクエアグリップに近づけて両腕が回旋しやすい角度を見つけましょう。ただし左手を浅く握りすぎるウィークグリップになってはいけません。

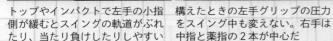

お腹が左右に動くだけで自然な「重心移動」が発生

「体重移動を使って打つ」というが、これが曖昧だ。どう解釈すればいいのか？

おヘソを右に回せば
重心が右足に多く乗る
おヘソが左に回ると
重心が左足の上に移動

体重移動ではなく重心移動と考えよう

ゴルフスイングには「体重移動」が付き物です。しかし、最近では体重移動という言葉があまり使われなくなってきました。クラブの進化も関係していますが、体重移動というと体を左右に揺さぶるようなイメージにつながりやすく、頭のブレを起こしやすいということが見直されたのでしょう。

人間の体重の多くは頭や胴体の重さであり、体のほぼ真ん中の部分です。そして「重心」とは重さの中心と書きます。アドレスで重心を感じておくのは体のほぼ中心、細かくいえばおヘソのすぐ下の「丹田」と呼ばれる部分です。ここではおヘソと考えてください。

胸の回転と同調しておヘソが左右に動けば重心も勝手に移動します。つまり、体重移動を意識しなくてもバックスイングは右足荷重、ダウンスイングは左足荷重となるのです。

重心を意識するだけでバランスがよくなる

上達するにはココをCheck

簡単・最速POINTポイント

体重移動と重心移動の意識の差でスイングがどう変わるかを自分の感覚で試してみよう

重心移動は頭がぶれない

体の中心に重心を意識すると、頭がぶれなくなる。
スイング中の無駄な動きを制限でき、回転がスムーズ

体重移動は軸が揺れやすい

バックスイングで体重を右足に乗せて、切り返しで左足に体重をグイッと乗せようとするだけでは体がスウェーしやすい

おヘソのすぐ下に重心を意識しよう

おヘソを意識すると体の中心にパワーをためやすく、アドレスのバランスがよくなる効用があります。スイング中に体の重心が過度に移動することもなく、体の動きが安定します。

動きに無駄のないシンプルなスイング、結果的に正しいヘッドターンを実行しやすくなります。

ヒップターンは両ヒザの伸縮から生まれる動き

ヒップターンは腕のローテーションとリンクする動き。マスターは必須だ

左ヒザが伸びると
＊カウンター効果が働き、
腕がスムーズに
回旋しやすい
インパクト以降は
左ヒザが伸びた
状態をキープ

＊カウンター／反対側から働く力を利用すること

正しいヒップターンは腰の回転量が少ない

ヘッドターンやアームローテーションを完成させるには、下半身の使い方を理解することも重要です。ここではヒップターンと両ヒザの関連性に着目してください。

ヒップターンとは多くのアマチュアゴルファーが想像しがちな腰をクルクル回す動作ではありません。腰が回って見えるのは、実際は両ヒザを前後に回しているだけで骨盤自体は回っていないのです。

アドレスでは背骨のラインに沿って骨盤も前傾させて構えます。そして背骨と同様、骨盤の前傾角度もキープしてインパクトを迎えようと思えば、両ヒザが伸びないと無理です。

バックスイングでは右ヒザを伸ばし、インパクトからフォロースルーにかけては、左ヒザを伸ばしていく動きと連動して骨盤が動くのが正しいヒップターンです。

腰がこれ以上回らないところでカウンターが働く

インパクトで左ヒザを伸ばすこ

上達するにはココをCheck

簡単・最速 POINT ポイント

ヒップターンとは腰を回す動きではなく、両ヒザの伸縮で骨盤が上下に近い角度で回旋すること。そこを勘違いしてはいけない

ヒザが伸縮するから腰が正しく回転する

クラブを腰の前に当てて、骨盤を前傾させたままで左右に回そう

バックスイングは右腰を切り上げて、ダウンスイング以降は左腰を切り上げるイメージ

腰を地面と平行に回そうとすると両ヒザが前後に動いてしまう

スイング中、両ヒザは伸縮する

インパクトからフォロースルーにかけて左ヒザを一気に伸ばす。バックスイングはインパクト以降ほどではないが、右ヒザを伸ばすイメージは必要だ

とで腰の回転が制限されて、腰がこれ以上回らないところで「カウンター」が働きます。ここでアームローテーションが入り、クラブヘッドがリリースされて加速していきます。

両ヒザが曲がったままでは腰がクルクル回ってカウンターが起こらず、両腕の回旋ができません。

ヘッドターンを覚えて
一気にレベルアップ⑪

インパクトの右足は「蹴り足」ではなく「踏み足」

インパクトで右足を蹴るというが、これも誤解のもと。正しい動きとは？

右足を蹴り上げるとパワーが逃げてしまう

下半身の使い方のアドバイスとして「右足を蹴る」という表現がよく使われますが、実はこれも多くのアマチュアゴルファーの勘違いを生み出しています。右足を蹴るというと、「蹴り上げる」イメージにつながりやすいためです。

インパクトで右足を蹴り上げれば下半身のパワーをフルに発揮できそうな気がするかもしれません。

でも実際はダウンスイングで右カカトが早く浮き上がり、右ヒザが前に出て体が早く開きやすいのです。これはスムーズな両腕の回旋を妨害してしまうことになります。

インパクトで上体が起きて、アドレス時のライ角を再現できず、ミート率が著しく低下するのです。

インパクトまで右カカトを浮かせないのがコツ

正しい右足使いを説明しましょう。ダウンスイングの初期では右ヒザを曲げておき、右足の裏の全体で地面を押し込みます。そして

上達するにはココをCheck

簡単・最速POINTポイント

右足の踏み込みについても、腰の正しい回旋と両ヒザの伸縮を正しく理解しておくことが大切だ

腰を縦に回すイメージ

ヒップターンの回転角度は斜めだが、腰を縦に近い角度で回す意識を持とう。インパクトで左ヒザが伸びる動きと同調して、右足を正しく踏み込みやすい

腰の回転オーバーはNG

腰を横に回そうとしては両ヒザが前後に動くため、正しいヒップターンができず、右足も踏み込めない

右カカトを浮かせないように右足を踏み込む

ダウンスイングで右足を踏み込み、インパクトで右ヒザを伸ばして右足を斜め下にさらに踏み込む感覚だ

インパクトの直前からフォロースルーにかけて右ヒザを一気に伸ばします。右カカトをできるだけ浮かせないで右足を踏み込むというイメージです。

　左ヒザも一緒に伸ばして両足で踏ん張るような形となりますが、これがスプリングのような効果を生み、クラブヘッドが両手を一気に追い越す動きが発生します。

インパクトの右手は球を真っすぐ「押す」形

ヘッドターンを覚えて一気にレベルアップ⑫

パワーを効率よく発揮するには右手も大事。右手使いのツボを押さえよう

右ヒジが右ワキに軽く触れる形がベスト

右手のひらでボールを目標に真っすぐ押し込むような形を作るには、右ヒジを体に引きつける

アドレスで右ヒジが伸びてはいけないが、どっしり構えようとして腰が落ちすぎるのもマイナス

中井学の一口メモ

〈アドレスで右ヒジを曲げておくのがコツ〉

ボールを真っすぐ押し込めるインパクトは右ヒジが曲がっている。この形をイメージして構えることが大切だ

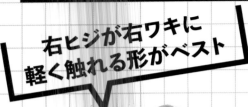

バックスイングで引き、インパクトで押す感覚

日本人は普段の生活習慣からか、ゴルファーの多くはインパクトで「引く」ような動作をしてしまいがちです。

クラブを目標の左側に引っ張ろうとしてアウトサイドインの軌道となり、それがスライスを生み出す原因となっています。

プロたちはそれとは逆にボールを目標方向に「押す」イメージでスイングしています。

これは長いインパクトゾーンを作り、分厚いインパクトでボールをとらえるためです。

押すイメージによって、インパクトで重心を右足側に残す感覚や右モモの前でボールをさばく感覚が生まれ、パワーを効率よく伝達できるのです。

多くの人はクラブを右に押すようにバックスイングし、インパクトではクラブを左に引く動きとなっています。

バックスイングは引いて、インパクトで押すという具合にイメージを逆転させましょう。

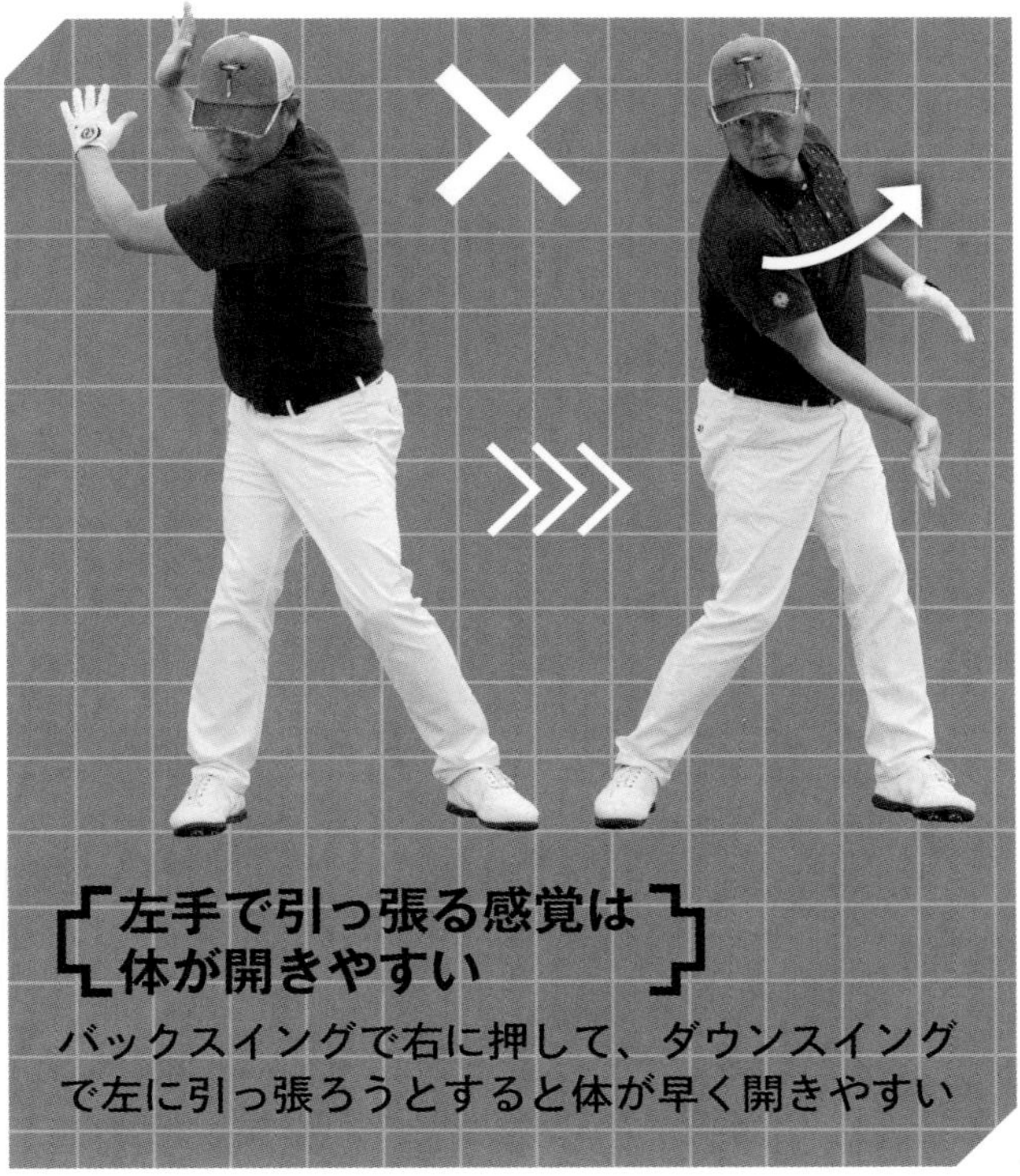

左手で引っ張る感覚は体が開きやすい

バックスイングで右に押して、ダウンスイングで左に引っ張ろうとすると体が早く開きやすい

やってみよう！

インパクト静止ドリルでシャフトのしなりを体感

インパクトで止める

ボールをしっかりヒットしたところで止める練習。実際にはインパクトで止めることはできないが、シャフトをしならせながら両腕を回旋する感覚がつかめる

フェース面をボールに当てにいくだけのインパクトではパワーが生まれない

フォローまで進むが、止めるイメージによってアームローテーションが自然に行われる

パワーアップ!

さをボールに
メージで打つ

ぶつけるというよりは、クラブの
正しいイメージだ

クラブが加速し、
振り抜きがスムーズ

クラブヘッドの遠心力が大きく働き、フィニッシュまできれいに振り抜ける

マネどころ!

ヘッドターンを使ってクラブの重さをぶつける

クラブの重さが感じられるくらいの強さでグリップを握り、クラブの重さを利用してスイング。インパクトエリアでヘッドが返りやすく、加速スピードもアップする。これが効率よく飛ばすコツだ

クラブの重さを生かせばヘッドターンがスムーズ

アームローテーションを使い、ヘッドターンさせればクラブの重量をボールに対して真正面の角度から衝突させることができ、最大のパワーとエネルギーを生み出せます。クラブの重さを生かすことがシンプルなスイングをマスターする秘訣でもあるのです。

力はあるのに飛距離が出ないというゴルファーは腕力まかせで振り回すため、クラブの重さを生かせていません。腕や手に依存して両腕の回旋もできず、自分で速く

ダウンスイングでは
重心が左に移動し、
ヘッドを加速させる
左ヒザを
一気に伸ばして
ヘッドターン

クラブの重さを
ぶつけるだけ

力まかせに打ち込んでも飛距離は伸びない。クラブの重量を上手に利用しよう

力のない人でも

クラブの重
ぶつけるイ

インパクトは自分の持てるパワーを
重さをボールにぶつけるというのが

振っているつもりでもヘッドスピードが案外上がっていません。

軽いクラブを使えばヘッドスピードが上がりやすくなるのは確かですが、バックスイングで捻転が不足するとクラブをリズムよく振るのが難しくなります。

「体が硬くなって回りにくくなった」と感じている人でしたら、クラブの重量に委ねてスイングするのがよいでしょう。クラブの重さを感知しやすくなることで、バックスイングがスムーズになりますし、フォロースルーも遠心力を最大に引き出すことができて飛距離アップに直結します。

マネどころ!

バックスイングもクラブの重さを利用しよう

バックスイングは胸を右に 90 度回すイメージだが、クラブの重さを利用すると回転がよりスムーズ。体が硬くなって回転が不足しがちな人は、重めのクラブを使うとバックスイングの回転が深くなる

重いものを目標と
反対側に投げる
イメージでバックスイング

ヘッドターンを覚えて
一気にレベルアップ⑬

右肩をトップの位置に止めておく意識を持とう

「肩を回そう」という意識が様々な弊害を起こしやすい。注意が必要だ

真正面のアングルから見ると、トップからフォロースルーまで右肩の位置がほとんど変わらない

右肩は回さないイメージがグッド

トップまで上げたら右肩を止めたまま振り下ろすイメージを持とう。胸が開かないで振り下ろすことができ、ヘッドターンがしやすい

肩を一生懸命に回そうとすると、ダウンスイングで右肩が前に突っ込みやすい

chapter 3

スコアを無駄にしない ラウンドテクニック

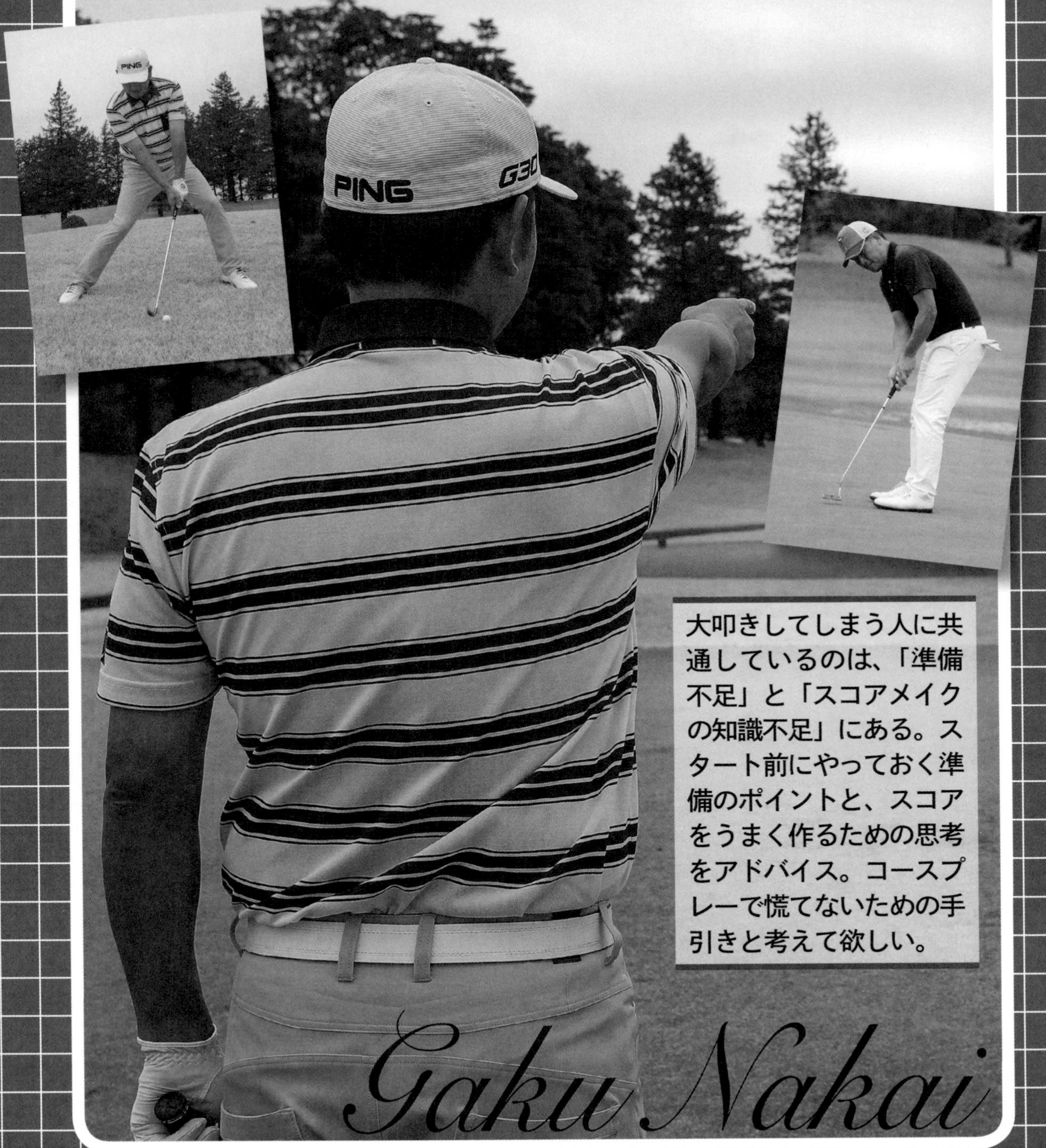

大叩きしてしまう人に共通しているのは、「準備不足」と「スコアメイクの知識不足」にある。スタート前にやっておく準備のポイントと、スコアをうまく作るための思考をアドバイス。コースプレーで慌てないための手引きと考えて欲しい。

Gaku Nakai

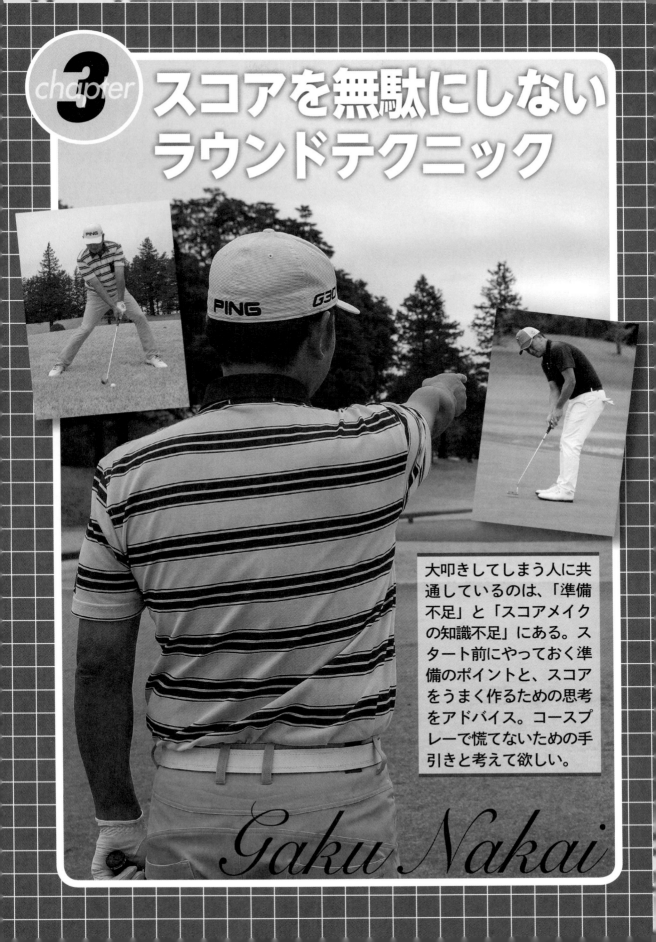

スコアを無駄にしない
ラウンドテクニック❶

スタート前の打球練習でウォーミングアップ

車の暖機運転が必要なように、ゴルフもスタート前の準備がとても大切だ

小さいスイングから打ち、
振り幅と出力を
徐々に上げていく
5W 7I 9I

１コイン24～30球を有効に使って入念にウォーミングアップをしておこう。使うクラブは９Ｉ、７Ｉ、５Ｗなどの３本あればＯＫ

スタート前の練習はミスしても気にしない

スタート前のショット練習で打つ球数は1コインで十分。大抵のコースは1コイン24球です。

スタート前の練習はスイングのチェックが目的ではなく、ボールを打ちながら体を入念にほぐすことが一番の目的です。ゴルフ場までは車や電車でくるでしょうし、座りっぱなしでは体が硬くなっています。準備体操や素振りで体をほぐして、さらにウォーミングアップを重ねるのです。

最初からいい球を打とうなんて期待はしないことです。当たらなくても当然ですから、何も慌てることはありません。

スイングの修正は絶対にやらないこと

練習に使うクラブは人それぞれですが、3本あれば十分です。お勧めは9番アイアン、7番アイアン、5番ウッドの3本。ピッチングウェッジ、7番アイアン、ドライバーの組み合わせでもいいでしょう。短いクラブから打ち始め、

上達するにはココをCheck

簡単・最速POINTポイント

スタート前にストレッチで体をほぐす人が多いが、筋肉が冷えたままで急に伸ばすのはケガのもと。体操がお勧めだ

体の各部を回す体操で体をほぐす

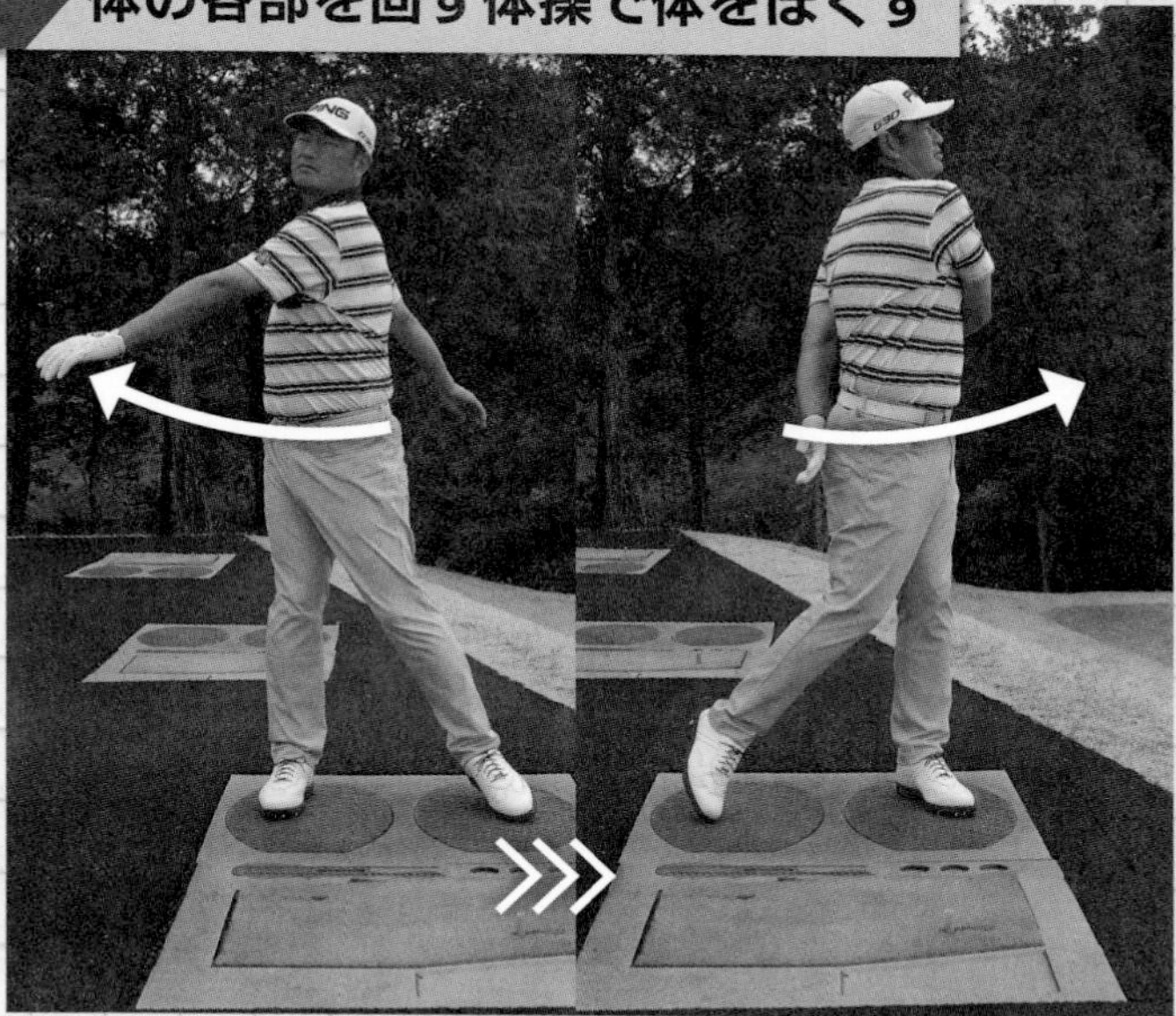

胸を左右に回しながら両腕を象の鼻のイメージでグルグル回すと効果的

肩甲骨や股関節を回して体を温める

片足ずつ回して股関節を柔軟にする体操も取り入れよう

両腕を上下前後にグルグル回すと肩甲骨の稼働が広がる

2つの素振りでイメージチェック

アドレスとインパクトの右ヒジのポジションや、インパクト後の両腕の回旋を確認する

腰くらいの高さのスイングで胸の回転と連動したクラブヘッドの軌道をチェックしよう

少しずつスイングの出力を上げていきますが、スタート前の準備でフルスイングは必要ありません。

うまく当たらないからといって、スイングを直そうなんて考えないことです。

自分のリズムでスムーズに振ることに専念すれば、次第に当たるようになります。スイングの修正はラウンド後の作業です。

練習グリーンでその日のグリーンの速さをテスト

スコアの無駄を省くにはパットの練習が欠かせない。どんな練習がいい？

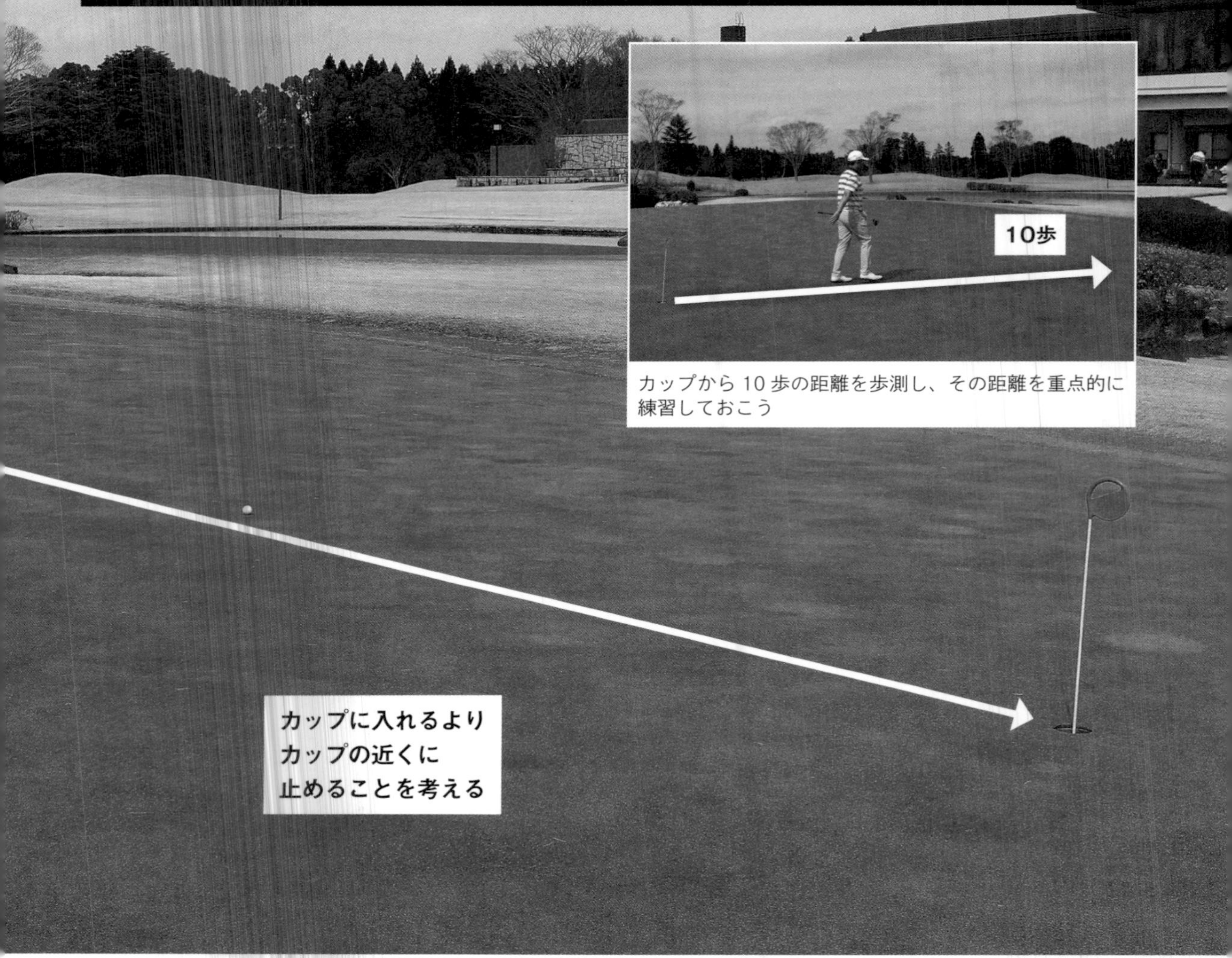
カップに入れるより
カップの近くに
止めることを考える
10歩

カップから10歩の距離を歩測し、その距離を重点的に練習しておこう

グリーンの速さはプレーの日で変わる

ショットの練習だけで準備完了ではありません。まだパットの練習が残っています。ショット練習も大事ですが、スタート前のパットの練習はそれ以上に重要です。

1〜2メートルの短いパットの練習は自宅でもできますが、ロングパットの練習の機会はコースの練習グリーンしかありません。

それに芝は生き物ですから、プレー当日の気象状況や刈り具合によってボールの転がるスピードが変化します。スタート前にボールを実際に転がしてグリーンの速さをテストし、その日のグリーンにマッチした距離感をつかんでおくことがとても大切です。

長いパットの距離感を合わせるのが最優先

どんなゴルファーでも3メートルよりは2メートル、2メートルよりは1メートルのほうがカップインしやすいはず。一発目のロングパットをできるだけカップに近づけるのが、少ないパット数で上がるための一番のポイントです。
　カップまで10歩の距離まで寄せる感覚をつかむなど、ロングパットの練習を多めにやっておきましょう。時間に余裕があれば1メートルの短いパットを入れる練習もしましょう。ロングパットとショートパットの2つの練習で準備万端整います。

ロングパットの練習を必ずしておく

事前に距離感を合わせる練習をしておけば、パットの距離感のミスを減らせる

上達するにはココをCheck

簡単・最速POINTポイント

ショットの場合は左手の指の付け根のラインにグリップを当てて握るが、パットは違うことを頭に入れておこう

パットの場合は手を縦に使ってグリップ

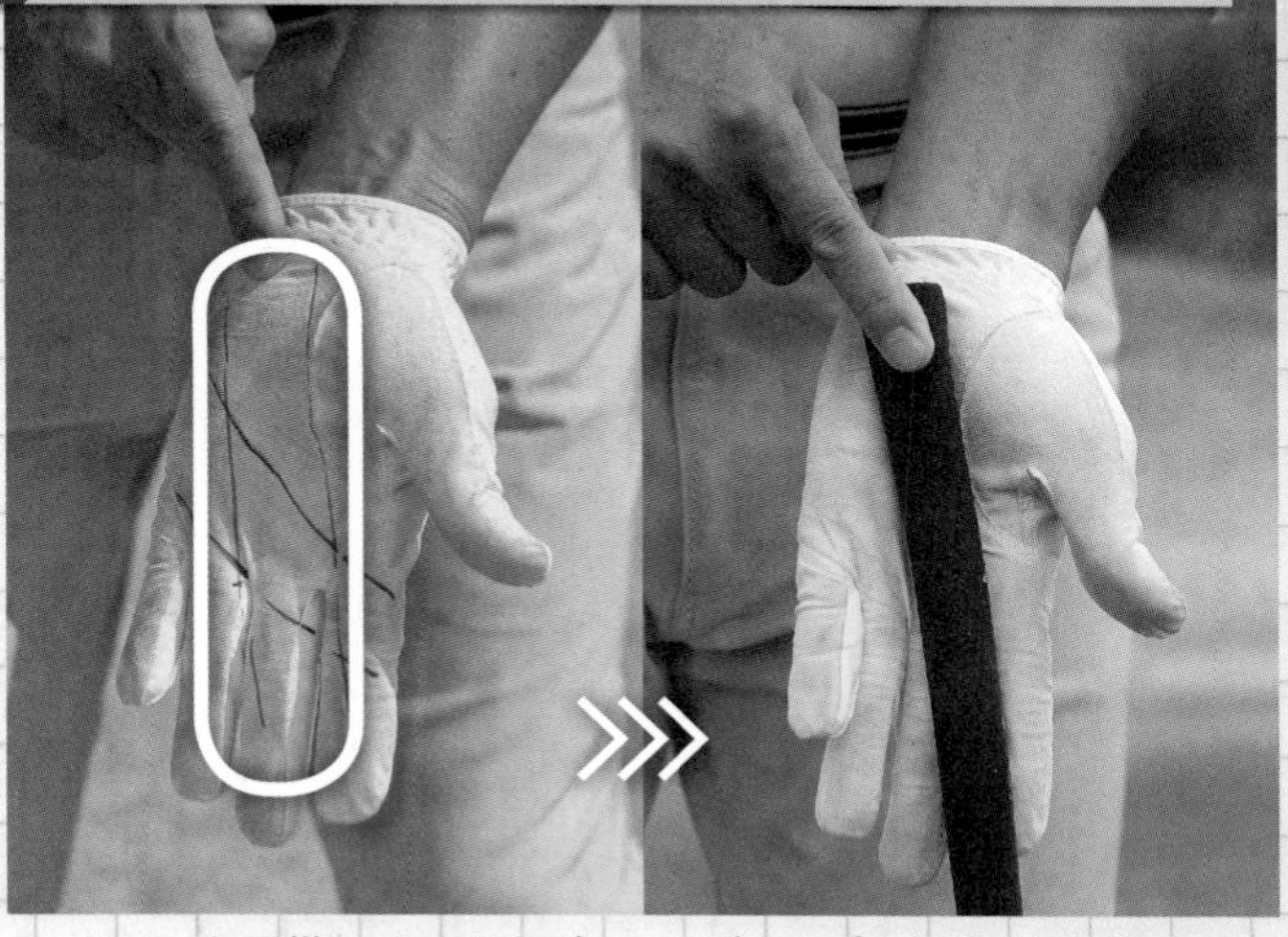

ショット同様、パットもグリップを握る部分に線を書き込むといい

グリップと左手のひらをできるだけ平行にして持つのがポイント

両手のひらでパターをはさむ感覚

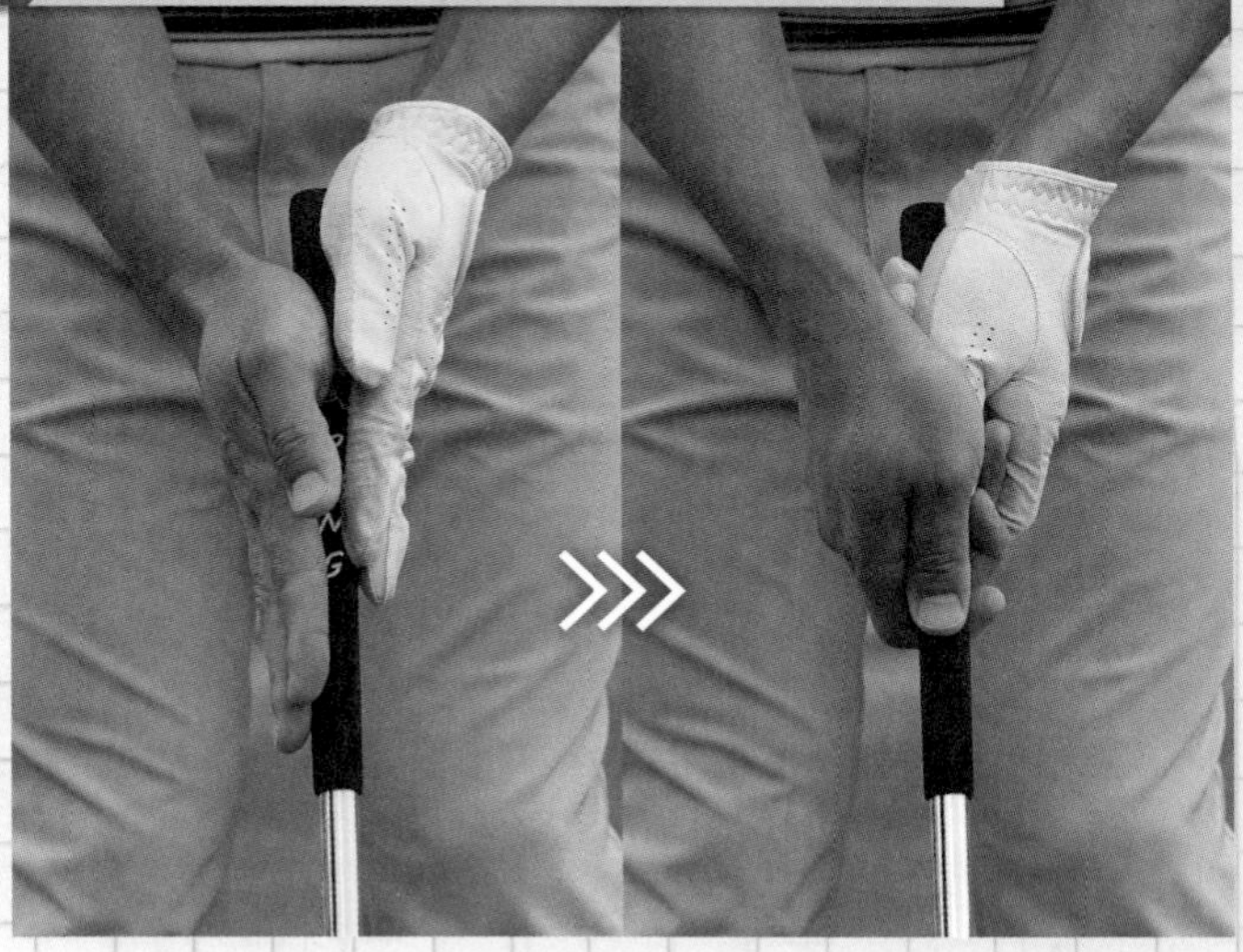

パットのグリップはどんな握り方でもいいが、両手のひらを向かい合わせるように持ち、両手の親指をグリップの真上に乗せるのが基本

スコアを無駄にしない
ラウンドテクニック③

ティショットでは方向取りに気を配ろう

ゴルフは「ターゲットゲーム」だ。どこを狙って打つかを明確にしよう

ボールの後方から
目標方向を眺めて
ターゲットを絞る

ドライバーが不安ならボールが上がりやすい５番ウッドを使ってティショットしよう。低めにティアップするのがコツだ

方向を意識すれば緊張が和らぎやすい

ティショットはそのホールの出発点です。フェアウエイをキープできたら最高ですが、OBや池など絶対に打ってはいけない場所を避けることを真っ先に考えましょう。

たとえば右サイドがOBならフェアウエイの左サイドにターゲットを絞り、そこに対してスクエアに構えることです。

朝一番のティショットは誰でも緊張しますし、周囲の目も気になります。

「いいショットを打ちたい」とか「ミスして恥をかいたらイヤだな」と思いがちですが、そうした心理が、狙う方向に対する集中力を阻害してしまうのです。多少の緊張感は受け入れて、「あそこに打つんだ！」と気持ちを整理しましょう。目標に集中できれば自然と緊張もやわらいできます。

ドライバーでなくてはダメなわけではない

スタート前の練習でいつもより

上達するにはココをCheck

簡単・最速 DRILL ドリル

練習はスイング作りが一番の目的と思いがち。しかし、ショットの正確性アップにはアドレスの練習こそ肝心だ

目標を意識した練習に取り組むことが大切

アドレスを作る前にボールの後方に立って、ボールと目標を結ぶターゲットラインを明確にイメージする。コースでもこの作業を習慣づけよう

アドレスを作るときはマットの線を見ない

マットの線を見てアドレスを作ってばかりいると、コースで目標に対して正しく構えられない。マットの線と違う方向を向いて構える練習もしよう

目標を見ながら素振りして、構えを作る

目標方向を見ながらインパクトゾーン素振りを繰り返し、そのままアドレスに入っていこう

最初にフェースを目標に真っすぐ向け、それからスタンスの位置を決めてアドレスが完成

ドライバーの当たりがよくなかったとしたら不安になるでしょう。そんなときは5番ウッドでティショットするのもアリです。

ターゲットを見ながら素振りを数回繰り返し、飛球線のイメージが高まったところでアドレスを作るようにすると、方向のミスを少なく抑えられます。

スコアを無駄にしない
ラウンドテクニック❹

フェアウエイウッドは
ヘッドターンで振り抜く

フェアウエイウッドはスコアメイクの武器。使いこなしのコツを覚えよう

中井学の一口メモ

フェアウエイウッドはスコアを作る万能クラブ

年齢とともに飛距離が落ちてきたと感じる人や女性ゴルファーにとって、フェアウエイウッドは頼もしい味方。ボールが上がりやすく、距離も稼げるのが一番の利点だ

フェアウエイウッドもアームローテーションを第一に考えよう

フェアウエイウッドが早く上達するには、飛距離を出すよりも両腕を回旋させることを第一に考えよう

3Wが難しければ5Wや7Wを駆使する

　フェアウエイウッドは皆さんもご存知のようにドライバーの次に飛距離を稼げるクラブです。ところがティアップしたボールを打つドライバーと違い、フェアウエイウッドは芝の上のボールを直接ヒットします。

　ドライバーよりシャフトがやや短いとはいえ、ロフト角が少なめですから、ドライバーより難しく感じる人が多いことでしょう。特にボールを上げようとするとダフリやトップなどのミスがすぐに出てしまいます。

　フェアウエイウッドが苦手な人に共通しているのは、やはりヘッドターンができていないという点です。ボールに当てにいこうとしないで胸の回転と同調したアームローテーションを意識し、クラブヘッドを加速させながらボールをとらえることを心掛けましょう。

　ヘッドが走ればヘッドターンができている証拠ですし、ソールがスムーズに滑って気持ちよく振り切れます。慣れないうちは5番ウッドや7番ウッドを使いましょう。

ヘッドターンを使えば横から払い打てる

両腕を回旋させるためインパクトエリアでヘッドがスムーズにターンし、払い打つような感覚でボールをとらえられる

知っておくと得！

フェアウエイウッドはドライバーより重い

重さの差に注意しよう

フェアウエイウッドはドライバーよりシャフトが短い分、少し重くなっているのが基本。これは同じ感覚でスイングしやすくするためだ。ドライバーよりも軽いフェアウエイウッドもたまにあるが、使用は避けたほうがいい

ボールの位置は心臓の前

5番ウッドもアイアン同様、ボールを心臓の前にセットしよう。ドライバーも同じだ

アイアンはボールに対しての軌道をイメージ

「アイアンはダウンブロー」というが、打ち込みすぎはダフリを誘発する

中井学の一口メモ

〈 ヘッドターンによってボールをレベルに打てる 〉

胸を左右に回しながら両腕を回旋させることが一番のポイント。結果的にクラブヘッドがU字軌道を描く。これがプロたちが口にする「ボールをレベルにとらえる」感覚だ

アイアンも緩やかなU字軌道でスイング

ダウンブローをあまり意識しないで、アームローテーションを心掛けるだけでいい

飛行機の着陸の角度をイメージする

ボールを上げようとするとダウンスイングで右肩が下がり、スイング軌道の最下点がボールの手前となってダフリを引き起こします。

それを防ぐためにも「アイアンはダウンブロー」というのが定説となっています。

だからといって上から鋭角に振り下ろそうとするのもフェースの刃が芝に刺さりやすく、やはりダフリを招きます。

前にも述べましたが、アームローテーションとは腕を横に振る感覚です。アドレスで前傾姿勢を作っているから、両腕を横に振っていても斜めの角度で振ることになります。腕を上げて下ろすという縦振りのイメージにつながりやすいのですが、それは誤解です。

ボールをダウンブローにとらえるのは正解です。でもクラブの入射角は飛行機が滑走路に着陸するような角度をイメージしましょう。

両腕の回旋を使ってヘッドターンさせれば、それも自然にできることです。要は緩やかなU字を描くように振るのがベストなのです。

鋭角に打ち込む意識はもう捨てよう

クラブを上から急角度で打ち込もうとするとフェースの刃が芝に刺さり、インパクトが詰まってダフリになりやすい

やってみよう！

クラブを2本持ち、大きく素振りする

クラブの重さで振る

腕だけでは振れないので、体の軸を安定させて大きくゆっくり振ろう。クラブの重さでクラブが振られる感じをつかむのが目的だ

手打ちではNG

下半身を止めて腕だけでクラブを振ろうとしてはダメ。こうした動きが癖になるとアイアンショットが上達しない

スコアを無駄にしない
ラウンドテクニック❻

ツマ先上がりの斜面は ボールから離れて構える

フェアウエイは平地ばかりとは限らない。むしろ傾斜のほうが多いのだ

上体を起こし気味にアドレス。上体を屈めすぎないことだ
クラブを振りやすいようにボールから少し離れるのがポイント
離れる

傾斜地はバランスを第一に考えよう

　コースプレーは「傾斜地との闘い」ともいえます。練習場ではうまく打てても、コースに出るとミスがすぐに出てしまうのは、傾斜への対応ができていないことにも起因しているといえるでしょう。

　傾斜地には大きく分けてツマ先上がり、ツマ先下がり、左足上がり、左足下がりの4つがありますが、共通しているのはスイング中に体のバランスが崩れないように下半身を安定させることです。

　もちろん傾斜によって立ち方が変わりますから、傾斜にマッチしたバランスのいいアドレスを作ることが第一条件となります。

　ツマ先上がりの場合はスタンスよりもボールのほうが高い位置にあるため、ボールと体の間合いに気を配りましょう。油断して平地と同じように構えると、ダフリを招きやすくなります。

7番アイアンより長いクラブは持たない

傾斜地のショットのもうひとつ

上達するにはココをCheck

簡単・最速 POINT ポイント

斜面ショットの基本は傾斜に沿ってクラブを振ること。アドレス前の素振りでスイングのイメージ作りをしよう

打つ前に水平素振りで感じをつかんでおく

ツマ先上がりのショットはティアップしたボールを打つ感覚に近い。水平素振りが効果的なのはそのためだ

両腕をゆっくりと回してヘッドターン

両手が急激に返ると強烈なフックが発生しやすい。ゆっくりめのアームローテーションを心掛けよう

ツマ先上がりで平地と同じように構えると、インパクトが詰まってダフリとなりやすい

のポイントは、距離を欲張ってはいけないことです。グリーンが遠いからといって長いクラブでフルスイングすると下半身がよろけて空振りになるケースもあります。

グリーンに届かなくてもいいから、7番アイアン以下のクラブを持ち、振り幅を抑えたコンパクトスイングを実行しましょう。

スコアを無駄にしない
ラウンドテクニック⑦

ツマ先下がりの斜面では腰を落として構えよう

アマチュア泣かせのツマ先下がり。対策法をしっかり頭に入れておこう

両ヒザを深く曲げて
腰を十分に落とそう
重心を低い位置に
キープし、土台の
安定感を意識する

腰を十分に落として土台を安定させる

ツマ先下がりはスタンスよりボールが低い位置にあるため、下半身が少しでも揺れると上体が前のめりになったり、両ヒザが伸びたりしてダフリやシャンク、チョロ、空振りなどあらゆるミスが生まれやすい厄介な状況です。

この場合もアドレスで下半身を安定させることが先決。通常のスタンス幅では前傾角度を深くしないとボールに届きませんが、それでは体重がツマ先に乗りすぎてバランスよく立てません。アドレスの前傾角度はなるべく変えずに、クラブヘッドがボールに届くまでスタンス幅を広くし、両ヒザを曲げて腰を十分に落としましょう。

ツマ先下がりはツマ先上がり以上に下半身がよろけやすい場面ですから、やはり7番アイアンよりも長いクラブを持たないようにしましょう。

ワイドスタンスなら大振りを未然に防げる

スイングの振り幅は肩くらいの

上達するには ココを Check

簡単・最速 POINT ポイント

ツマ先下がりはスイング中に足腰がよろけやすく、下手すると空振りしてしまう。

肩くらいの高さの素振りで感じをつかむ

広いスタンスなら肩の高さよりも大きく振れない。そのくらいの出力に抑えれば、バランスが保ててボールを正確にヒットできる

土台を安定させてヘッドをコントロール

ツマ先下がりでフルスイングは禁物。下半身を固定し、小さめの振り幅で両腕を静かに回旋させて打とう

ヘッドがボールに届く姿勢を作ろう

通常の姿勢ではクラブヘッドがボールに届きにくい。スタンスを広くしてクラブヘッドがボールに届くまで腰を落とそう

高さまでが限度です。それ以上大きく振るとボールを正確にとらえられなくなります。その点、最初からワイドスタンスに構えておけば腰の回転が制限されて、スイングが自然にコンパクトになります。距離を出すことよりも、確実なヒッティングを心掛ければミスを抑えられます。

スコアを無駄にしない
ラウンドテクニック❽

左足上がりの斜面では右足体重の構えを作る

斜面ショットは難しいというが、守るべきポイントを守ればミスを防げる

ワイドスタンスに構えれば下半身が安定しやすい
傾斜と平行に立ち、低いほうの右足に体重を多めに乗せる

傾斜に逆らわない立ち方が基本となる

左足上がりの斜面では両肩のラインが傾斜と平行となるように立ち、低いほうの右足に体重を多く乗せて構えるのが基本です。傾斜に逆らって体重を左足に多く乗せて上体を真っすぐにセットすると、ダウンスイングでクラブヘッドを斜面に対して急角度で振り下ろすことになり、インパクトが詰まってダフリが生じます。

フォロースルーでクラブを振り抜くスペースを確保するために、斜面と平行に立ちます。注意したいのは斜面に対して平行に構えようとして上体を右に傾けすぎないこと。すくい打ちにならないように打つ前の素振りで、バランスよく立ってスムーズに振り切る感じをつかんでおきましょう。

グリーンに届かせるなら番手を上げて打つ

平地と違ってフルスイングできませんから、トップとフィニッシュを低めに抑えたコンパクトスイングで打つことが大切です。左足

上達するにはココをCheck

簡単・最速 POINT ポイント

左足上がりはボールをすくい打つ癖のある人には割合イージーといえる。とはいえ基本を守ることが大事だ

下半身のバランスが保てる範囲でスイング

距離を欲張ってスイングの出力を無理に上げないこと。肩よりも下の振り幅でボールを確実にヒットすることを第一に考えよう

右足体重のままでスイングすればOK

低いほうの右足に重心を乗せたままでクラブを振る。一般のアマチュアにとってはヘッドターンしやすい状況だが、腕の回旋が強くなりすぎないように注意

傾斜が緩ければ平地と同じスタンス幅でもいいが、傾斜が少しでもきつく感じられたときはスタンスを広くしよう

上がりは7番アイアンで構えても実際は8~9番アイアンくらいまでロフト角が寝るのでボールが上がりやすく、キャリーが低下します。グリーンまで130ヤード以内で比較的近い場合、グリーンに届かせたいのであれば大きめのクラブを選択し、8割程度の力感のスイングで打ちましょう。

左足下がりの斜面は左足体重でバランス重視

油断するとトップやチョロが発生しやすい状況。この場合も構えが肝心だ

PING
両肩のラインを
傾斜と平行に
セットするイメージ
スタンスを広くし、
低いほうの左足に
体重を多めに乗せる

下半身が安定しにくい場面ほど足幅を広げる

左足下がりはツマ先下がりと並んで、アマチュアゴルファーにとっては難関です。特に左足下がりはボールが上がりにくいため、すくい打ちのミスを招きやすい点に十分注意しましょう。

この場合もやはりアドレスが肝心です。両肩のラインを斜面と平行にセットし、低いほうの左足に体重を多めに乗せておきます。球を上げたい心理が働くと目線が高くなり、上体が右に傾きやすくなります。最初からボールを低く打ち出すイメージで目線を低くキープして構えることです。

また下半身のバランスを保ちやすくするためにも、スタンスを広くして構えるようにしましょう。

ボールを平地よりも1～2個内側にセット

あとはフォロースルーでクラブを低く振り抜いていくだけで、ボールが勝手に上がってくれます。ボールを上げようとするほどボールが上がりにくくなることを理解

上達するにはココをCheck

簡単・最速 POINT ポイント

左足下がりでミスをできるだけ小さく抑えるにはクラブを振り抜く位置がカギ。すくい打ち防止に役立てよう

フォローを低い位置に止めるのがコツ

左足上がりと同様、打つ前に肩くらいの高さの素振りでバランスを保って振る感じをつかんでおこう。クラブを低く出すのがミス防止の決め手だ

左足を踏ん張ってフォロースルー

左足体重で構えたら、左足軸でスイングするイメージ。左ヒザの角度をキープし、左足をしっかり踏ん張って振り抜こう

左足下がりの斜面もスタンスの幅が狭いと、スイング中に下半身のバランスを崩してしまいやすいので注意

してください。

左足下がりでは下半身をしっかりと安定させるためにも体重移動は使いません。そのためボールの位置はスタンスの中央付近となります。通常時にボールを心臓の前に置くなら、この場合は1〜2個内側です。ボールを内側に置くのはどんな斜面でも一緒です。

スコアを無駄にしない
ラウンドテクニック⑩

ラフからは9Iよりも長いクラブを持たない

ラフからのショットもトラブルのひとつ。強引な攻めは絶対禁物だ

PING
フェアウエイの平坦な場所から打つときと同じ姿勢でOK
インパクトの芝の抵抗を少なく抑えるために9I以下のクラブを持つのがベスト

上から急角度で打ち込むのは避ける

ラフはフェアウエイよりも芝が長くなっていますが、慌てないこと。トーナメントコースでは難易度を上げるためにラフを長く伸ばしているケースがよくありますが、一般営業のコースは、プレーの進行を早めるためにラフの芝を短めに刈ってあるのが普通です。

ボールが少し沈んでいるようでも、ボールの近くで姿勢を低くしてよく観察すると、ボールの下に少し隙間が見えることがよくあります。ボールを低くティアップしたのと似た状況ですから、上から急角度で打ち込むとボールがフェースの上に当たり、キャリーが出にくくなってしまいます。

この場合はボールを横から払い打つイメージでスイングしましょう。もっと簡単にいえばフェアウエイからのショットと同じスイングでいいのです。

ロフト角が多めのクラブなら振り抜ける

とはいえラフからのショットで

ボールが完全に沈むケースは案外少ない

ラフといっても一般営業のコースは、大抵は芝が割合短めに刈られている。ボールが沈んで見えても少し浮いた状態になることが多い

はインパクトでフェースとボールの間に芝が絡むため、インパクトの抵抗がやや強くなります。ロフト角の少ないクラブほど抵抗が増すので、安全確実にヒットするためにも9番アイアン以下のクラブを持ちましょう。グリーンに届きそうな距離でも、ラフから脱出させることが優先です。

上達するにはココをCheck

簡単・最速 POINT ポイント

ラフからのショットといっても特別な打ち方は必要ない。振り幅を小さめに抑え、自分のリズムでスイングしよう

フェアウエイと同じスイングを実行しよう

距離を欲張らずに、コンパクトなスイングを心掛ければミスを少なく抑えられる。大振りは禁物だ

練習でも「振り抜く」意識をしっかり持つ

練習でボールを上から鋭角に打ち込みすぎる癖のある人はラフで失敗しやすい。クラブの重さを利用してスムーズに振り抜くことを主眼に置いて練習しよう

スコアを無駄にしないラウンドテクニック⑪

フェアウエイバンカーは9Iで確実に脱出させる

フェアウエイバンカーでは絶対にしてはいけないミスを徹底防止する

PING
頭をアドレスの高さにキープしてインパクト
砂を横からサラッと払い打つイメージで振り抜こう

ミスしてしまうならトップのほうがマシ

フェアウエイバンカーからは1回で出すことが先決です。グリーンまでがどんなに遠くても、距離を出そうとしてはいけません。クラブを大きく振るほど下半身のバランスを保つのが困難になり、軸ブレを起こして大ダフリとなりやすいのです。

フェアウエイバンカーからのショットの場合、キャリーがまったく出ないダフリのミスは厳禁です。同じミスするのならトップのほうがキャリーは出て、結果オーライとなりやすいもの。そのためにはアドレスでクラブを吊り気味に構え、頭の高さをキープしてインパクトしましょう。

フェアウエイバンカーのアゴがよほど高くなければ、ヘッドターンを使ってボールを払い打てば、クリーンにとらえやすくなります。

9番アイアンで確実に脱出させよう

足場を固めやすいようにボールを通常よりも1個分内側に置き、

上達するにはココをCheck

簡単・最速POINTポイント

砂の上で構える場合、足場を固めにくい。そこで下半身の安定感を意識し、スイング中も下半身を固めておこう

両ヒザの高さをキープしてスイング

フェアウエイバンカーは足場が不安定だ。両ヒザの高さをキープし、下半身のバランスを最後まで保てるようなスイングを心掛けよう

距離を欲張るとダフリが生じやすい

自分のマックスか、それ以上のスイングをするとスイング中に下半身がよろけてまともに当たらない

クラブを吊り気味に構えるのがコツ

バンカー内はクラブヘッドが砂に触れてはペナルティとなる。クラブヘッドを軽く浮かせて、両手にクラブの重さを感じておこう

体重移動を抑えてスイングする程度で、基本的にはフェアウエイからのショットとスイングはそれほどには変わりません。

クラブはやはり9番アイアン以下を使いましょう。グリーンに届かないとわかれば距離の欲を捨ててスイングしやすく、結果的にミート率が上がりやすいのです。

スコアを無駄にしない
ラウンドテクニック⑫

林の中からは7Ｉの アプローチで確実に出す

林の中に打ち込んでしまったらどうするか？ ここが知恵の見せどころ

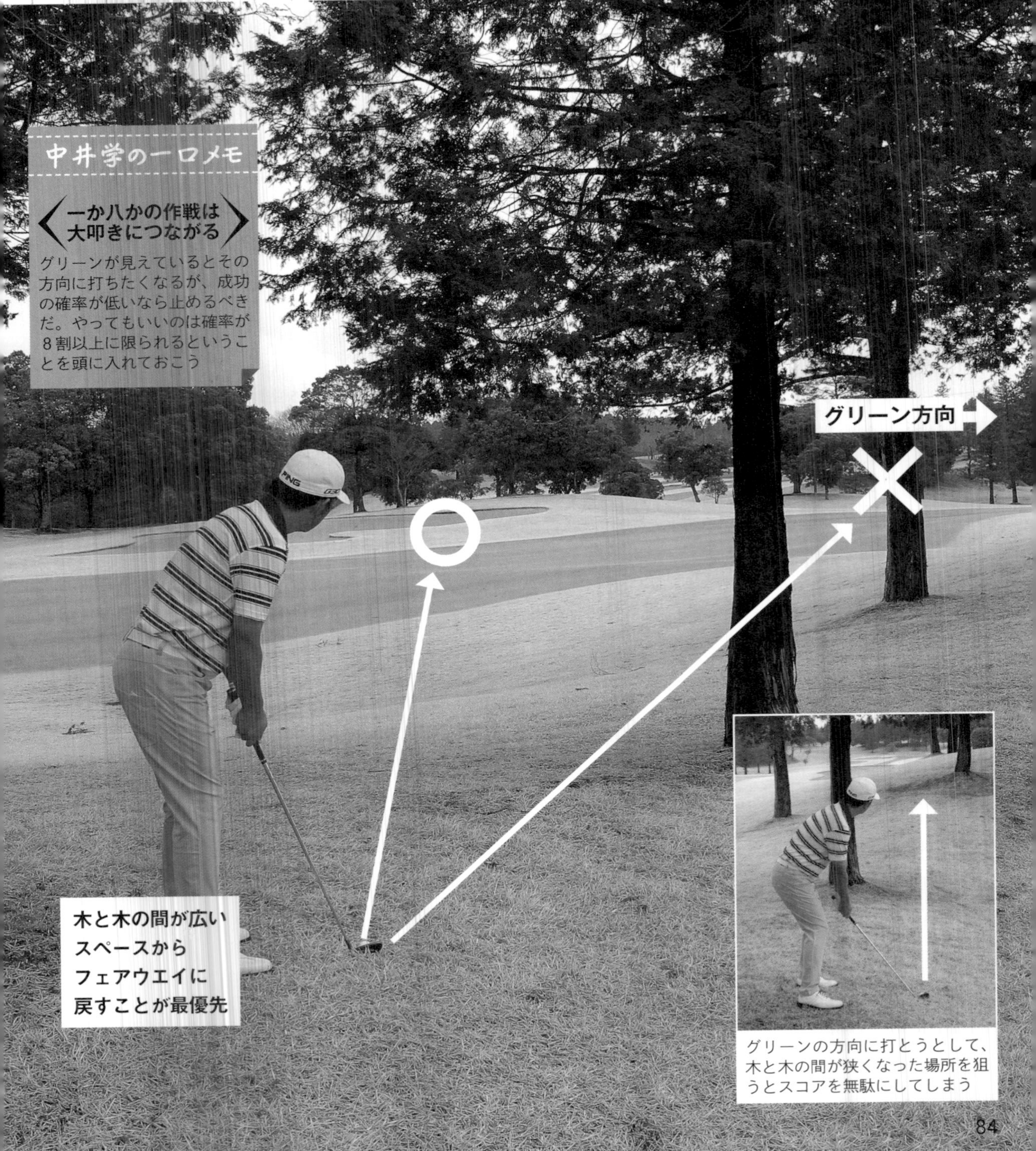

中井学の一口メモ

〈一か八かの作戦は 大叩きにつながる〉

グリーンが見えているとその方向に打ちたくなるが、成功の確率が低いなら止めるべきだ。やってもいいのは確率が8割以上に限られるということを頭に入れておこう

木と木の間が広いスペースからフェアウエイに戻すことが最優先

グリーンの方向に打とうとして、木と木の間が狭くなった場所を狙うとスコアを無駄にしてしまう

フェアウエイに戻し、次打でグリーンを狙う

　ティショットなどで運悪く林の中に打ち込んでしまったときは、ボールをいったんフェアウエイに戻しましょう。

　グリーンの方向を確認したとき、木と木の間のスペースが狭く、枝が左右に張り出していて脱出は難しいと判断したら、グリーンの方向に打つのは断念してください。

　グリーンが見えるからといって、狭いスペースに向かって打ち出すと木に当たって跳ね返り、林の奥までいって最悪の事態を招くことにもなりかねません。

　ここは1打を払ってフェアウエイに戻し、次のショットでグリーンを狙うのが大正解です。

　1打を払うか、ギャンブルショットを敢行して3打も4打も損するか。どちらがスコアをまとめやすいかは明らかでしょう。

　なおフェアウエイに出す場合、状況にもよりますが、使うクラブは7番アイアンが最適といえます。

　クラブを短く持ち、アプローチ感覚でスイングしましょう。

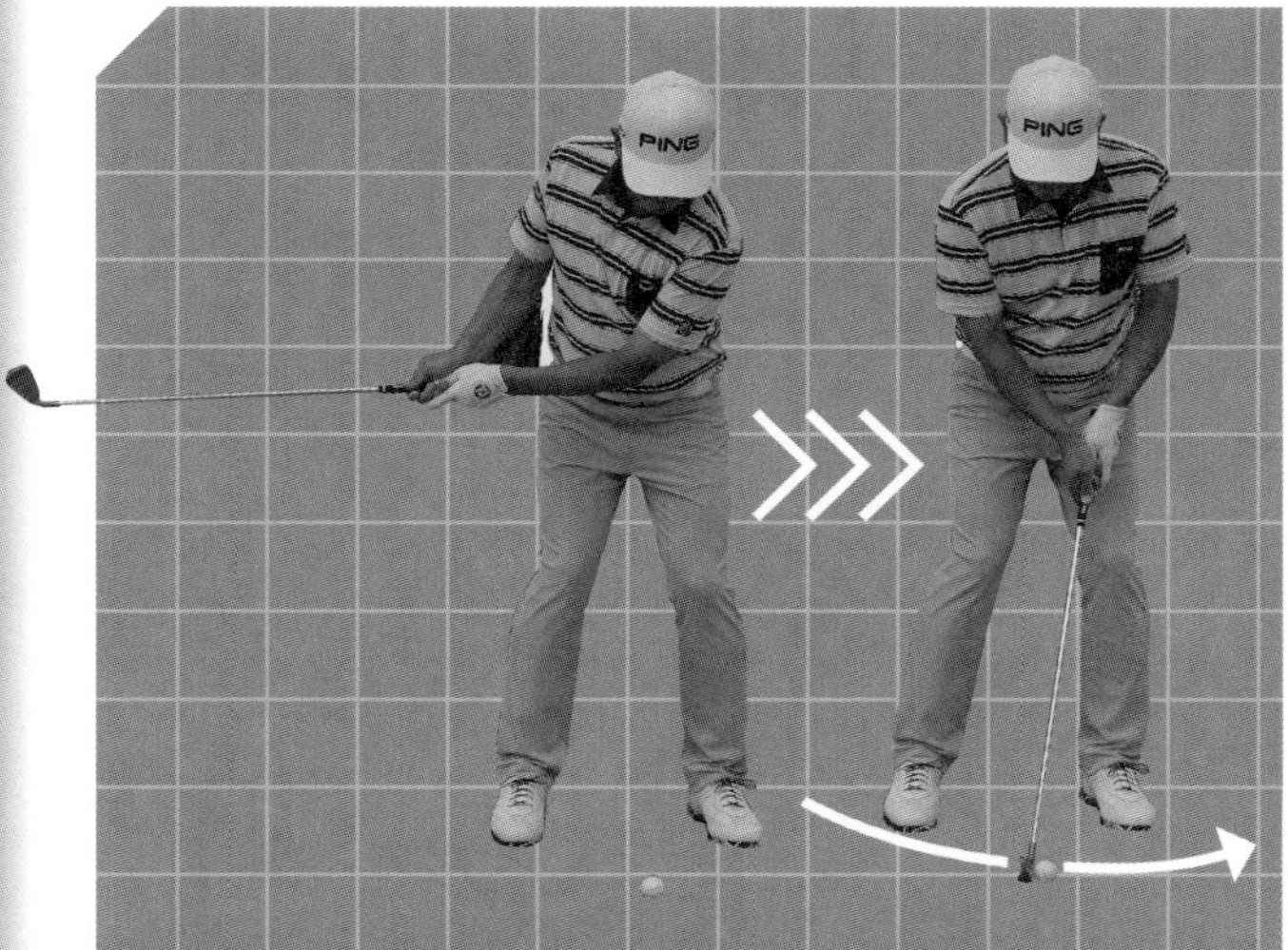

7Iのアプローチで脱出させるという感覚

7番アイアンを短く持ち、腰くらいの高さの振り幅でスイングしよう。最初から転がすつもりで打つのがポイントだ

知っておくと得！

ヒールを浮かせて構え、パット打ちで簡単脱出

パット感覚でアドレス

ボールの近くに立ち、クラブヘッドのヒールを少し浮かせて、パットのようにクラブを吊り下げる感覚で構えよう

手首を固めてスイング

スイングはパットのように手首を固定してスイングするだけでＯＫ。30 ～ 40 ヤード近く転がり、フェアウエイまで届きやすい

スコアを無駄にしない
ラウンドテクニック⑬

転がすか上げるかでヘッドターンを加減する

グリーン周りからのアプローチは状況に応じて打ち方を変えるのが基本だ

両腕の回旋の量で距離感を加減する

低く転がしたい場合と、上げて止めたい場合ではアームローテーションの量やスイングのイメージが変わる

中井学の一口メモ

〈どんな球でピンに寄せるかをイメージ〉

アプローチにはヘッドターンを使う打ち方と、ヘッドターンを抑える打ち方の2つがある。グリーン周りからどんな球で寄せるかのイメージ作りが大切だ

低く転がすアプローチはフォロースルーでヘッドが返る。ここが上げるアプローチと違うところだ

打つ前にボールの弾道を明確にイメージ

グリーン周りからのアプローチでは大きく分けて「低く転がす打ち方」と「高く上げて止める打ち方」の2つがあります。

ドライバーのようにボールを遠くに飛ばしたい場合はヘッドターンを使って打ちますが、この感覚をそのまま応用できるのが低く転がすアプローチです。

ショットに比べると両腕の運動量がかなり小さくなるという前提で、アームローテーションとヘッドターンを連動させて打つイメージとなります。

打つ前にボールをどのくらいの高さで上げて、どのくらい転がすかのイメージ作りをして、弾道イメージに合わせてアドレスを作り、スイングを実行しましょう。

ボールを上げたいときは、ショットでいえば「飛ばさないスイング」となります。両腕は回旋しますが、ヘッドターンを抑えるのがポイントです。

この場合も高く上がる弾道をイメージし、フェースをあまり返さないで打ちましょう。

転がすときは ヘッドターンを使う

手首を固定してパットに近い感覚でスイングするが、アームローテーションとヘッドターンが稼働している

上げたいときは？

アームローテーションを抑えて打つのがコツ

テークバックが大きめ

ボールを上げてピンの近くに落として止めたい場合は、テークバックの振り幅を大きめにしてスピンをかけやすくする

ヘッドターンを抑える

ヘッドターンしているように見えるが、左ヒジを抜き気味に振り抜くことでフェースの返りを抑えている

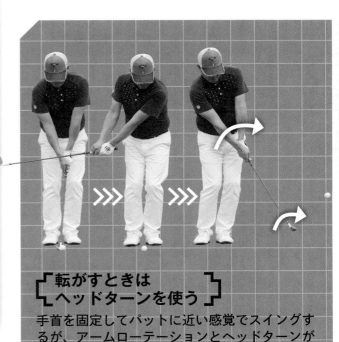

スコアを無駄にしない
ラウンドテクニック⑭

グリーン周りからは なるべく転がすのが安全

アプローチは転がせる場面なら徹底して転がすのがスコアメイクの鉄則だ

中井学の一口メモ

〈低く転がすほうが ミスを軽減しやすい〉

アプローチの基本を正しく理解するためにも、できるだけ低く転がすことを考えよう。結果としてスコアがまとまりやすくなる

上げようとするとダフリやトップ、シャンクなどのミスが生じやすい

転がしでアプローチの基本が早く身につく

ボールがグリーンの近くにあり、その間にバンカーやラフなどの障害物が何もなければボールを低く転がして寄せることができます。

　バンカー越えなどボールの高さを出す必要がある場面では仕方ないとして、ボールを転がせる状況なら徹底的といってもいいくらい転がしましょう。

　打つ前にピンを見ながら素振りするとか、右腕だけで振って見るなどするとショットのイメージ作りがしやすくなります。

　ボールを上げたいと思うと目線が高くなりやすいものですが、出球を低くするつもりで目線を低くキープするとイメージどおりに転がしやすくなります。

　低く転がすアプローチは、パットの延長です。

　上げるイメージでは距離感がつかみにくい上に、油断するとダフリやシャンクなどのミスが生じやすくなります。

　その点、転がしなら打ち損じが少ないですし、距離感もイメージしやすいのです。

やってみよう！

パット式アプローチで芝が薄い場所でも安心

パットのように構える

ボールの近くに立ち、両手をやや浮かせて構える。クラブヘッドのヒール側が浮くため、ライが悪い場所でもダフリを防げる

手首を固定しやすい

パット感覚でスイングするだけでいいからシンプル。転がしたい場面で活用するとスコアがまとまりやすい

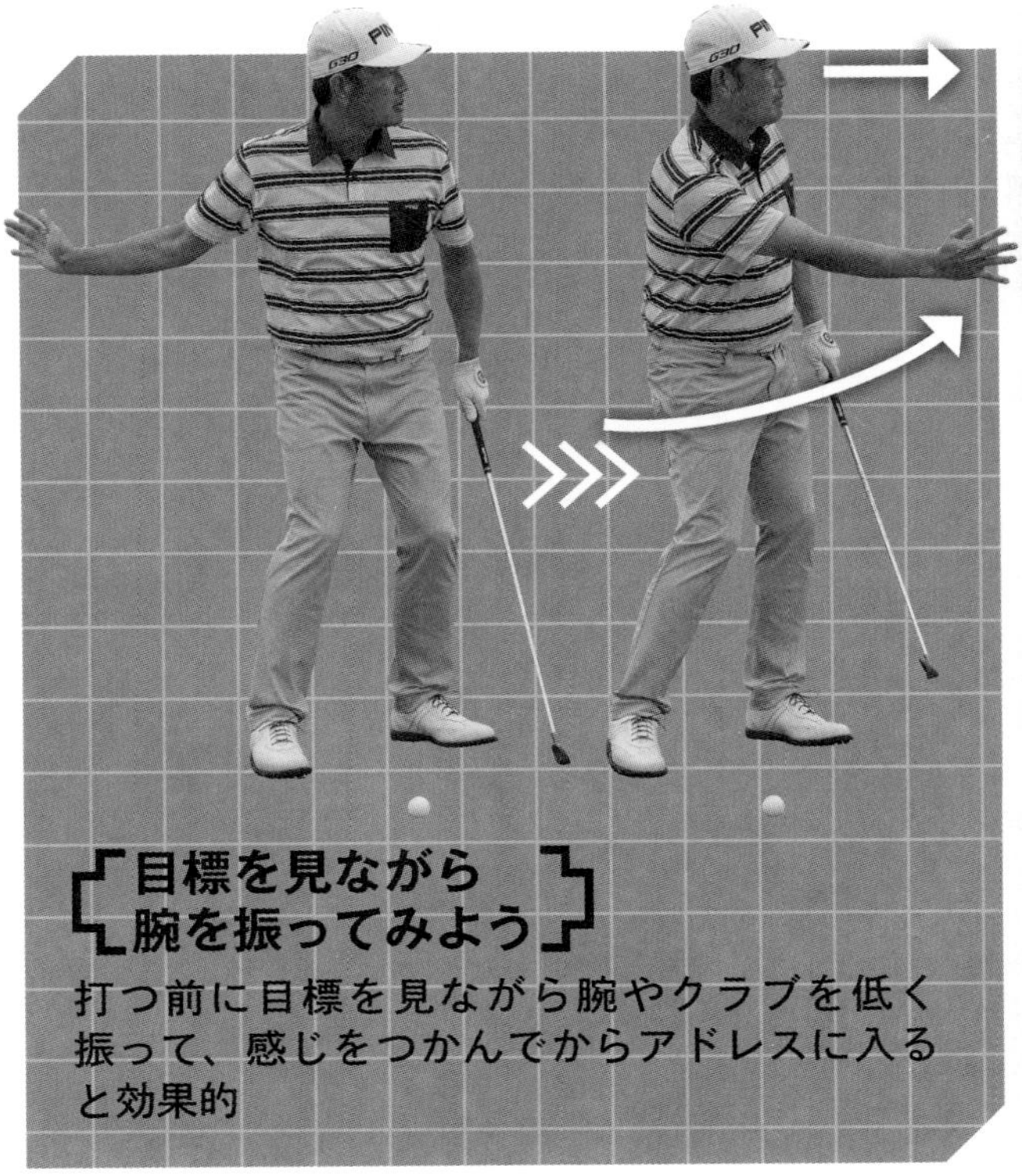

目標を見ながら腕を振ってみよう

打つ前に目標を見ながら腕やクラブを低く振って、感じをつかんでからアドレスに入ると効果的

スコアを無駄にしない
ラウンドテクニック⑮

ヘッドターンを使えば バンカーショットも簡単

バンカーから何回打っても出ずに大叩き。そんな悪循環を断ち切るには？

ヘッドターンを使って打てばボール周りの砂を前に弾き飛ばせる

砂の抵抗に負けないようにバックスイングを大きめにとる。ピンまで 20 ヤードなら 60 ヤードのショットのイメージだ

バンカーが苦手な人はヘッドを返せない

「何回打ってもバンカーから出ない」と悩むゴルファーの多くは、腕を縦に振ってクラブを鋭角に打ち込んだり、手首をこねてすくい上げたりしています。つまり、ヘッドターンができていないところに共通点があるのです。

　バンカーショットは特殊なショットではありませんし、難しいショットでもないのです。砂の抵抗に負けない分だけ大きめのスイングとなりますが、考えるのはヘッドターンだけでOK。両腕の回旋を使ってヘッドを走らせて、ボールの周りの砂をピンに向かって弾き飛ばしましょう。クラブヘッドを加速させればボールが勝手に出てくれることが実感できます。

フェースを開くことを覚えると技術が上がる

　バンカーショットの基本はサンドウエッジのフェースを開き、オープンスタンスに構えることにあります。

　ただし、これはボールを高く上

上達するにはココをCheck

簡単・最速 POINT ポイント

バンカーからはボールを高く上げなくてはダメという決まりなんてない。前方のアゴの高さをクリアすればＯＫだ

前方のアゴが低ければ低い球でも脱出できる

バンカーから出すには、どうしてもボールをすくい上げようとしがちだが、これが大ダフリのもと。低く打ち出す気持ちでスイングすればロフト角どおりに上がってくれる

パット式スイングならバンカーから簡単脱出

ボールを高く上げる必要がなければ、89ページで紹介したパット式のアプローチがお勧め。砂を横から払い打つだけで一発脱出できてとても簡単！

自信をつけるならフェースを開こう

バンカーから１回で出すならスクエアフェースでもいいが、バンカーの技術のバリエーションを広げるならオープンフェースで打つことも覚えよう

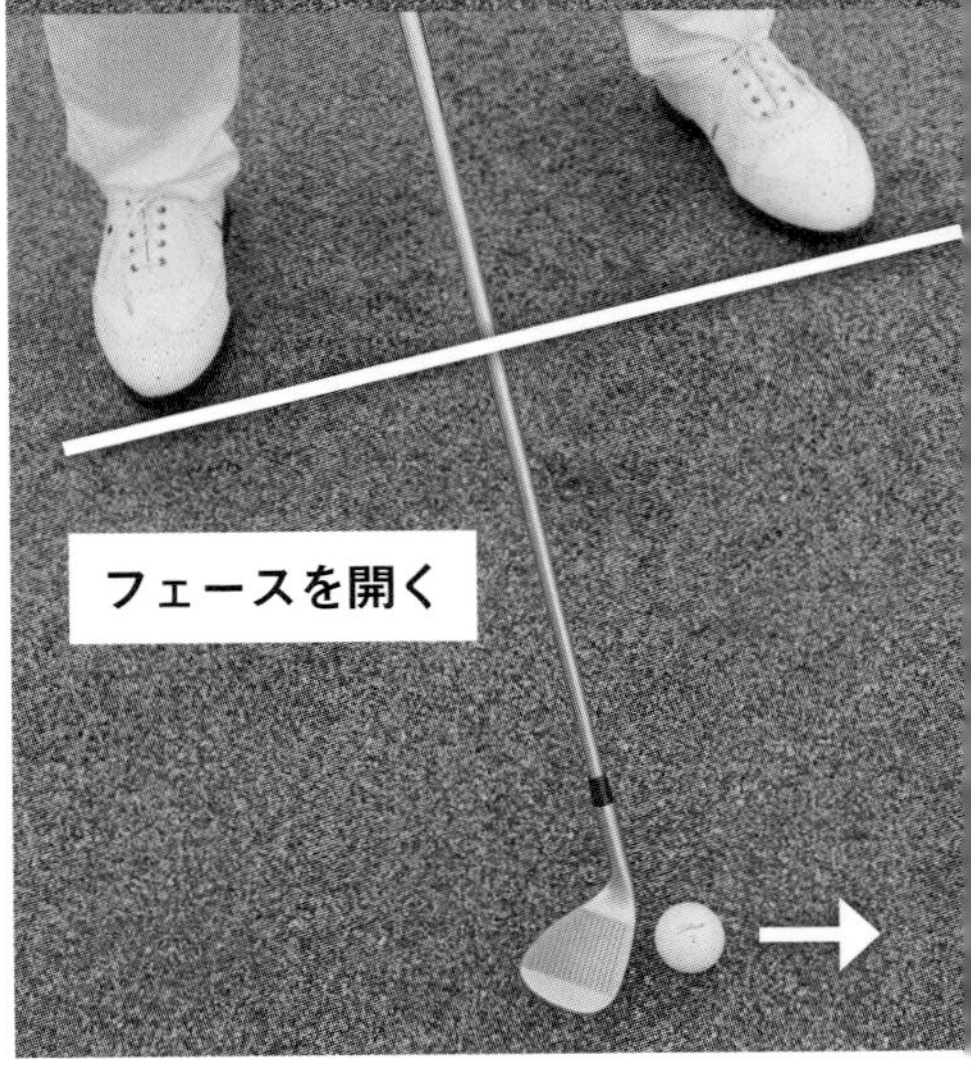

げたり、キャリーを抑えたいときなどに用いるテクニックで、いわば応用です。バンカーから出すだけならフェースもスタンスもスクエアで十分に対応できます。

簡単な打ち方で自信をつけてから、次のステップとしてフェースを開いたり、オープンスタンスに構えたりしてバンカーショットの技術の幅を広げていきましょう。

ロングパットは距離感を重視してストローク

スコアを無駄にしない ラウンドテクニック⑯

3パットしてしまう一番の原因は、長いパットがカップに寄らないためだ

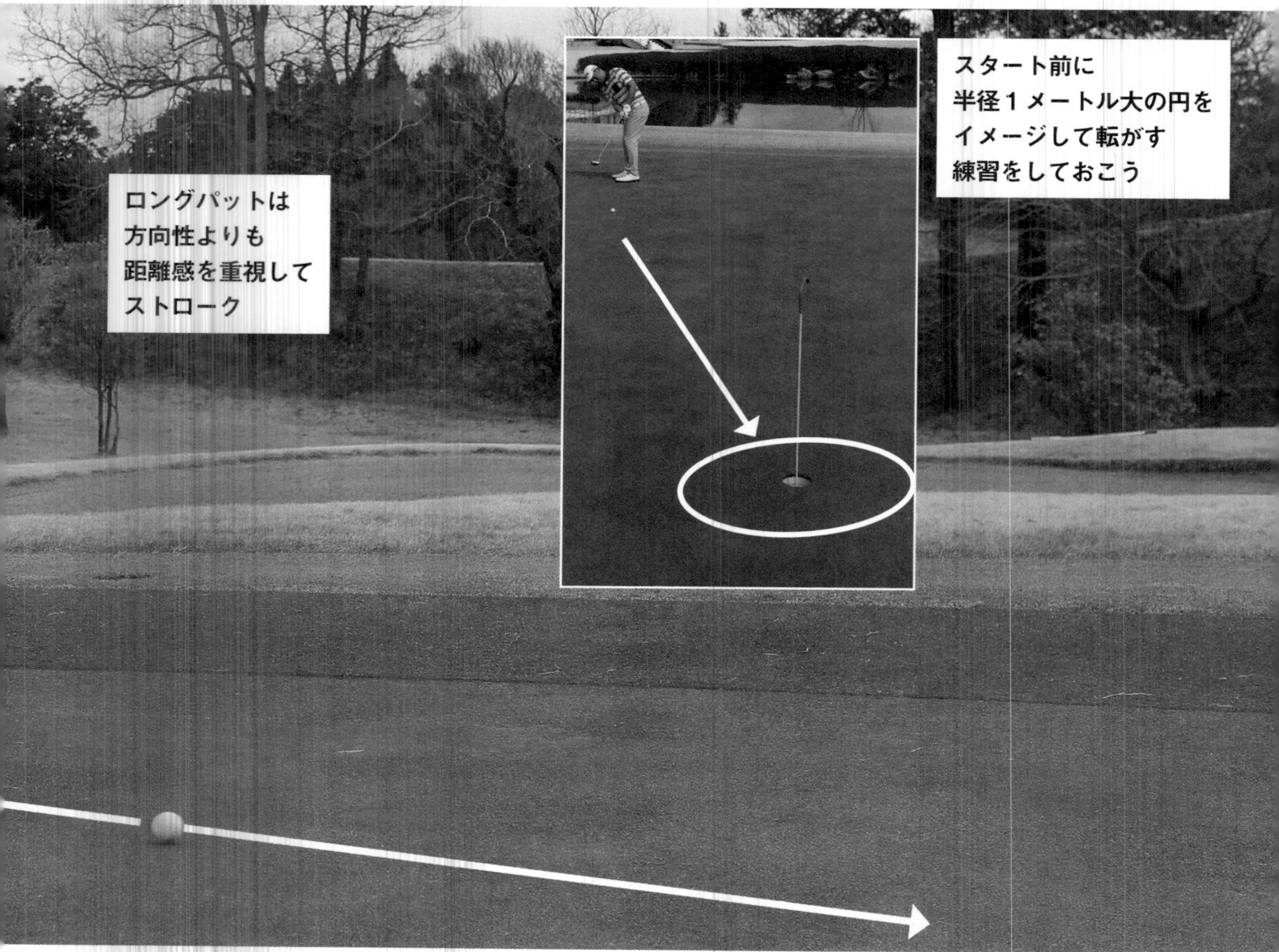

ロングパットは方向性よりも距離感を重視してストローク
スタート前に半径1メートル大の円をイメージして転がす練習をしておこう

ロングパットはアプローチ感覚で打つ

　ロングパットは方向性よりも距離感を優先します。カップに対して方向が左右に5メートルもずれることは少なくても、5メートルも手前にショートしたりオーバーしたりするのはよくあるからです。

　10メートル近くのファーストパットがカップに全然寄らないとセカンドパットも入る確率が極度に低下します。こうした悪循環が3パットや4パットの結果を招いてしまいます。

　距離感は頭で考えるものではありません。目で見て、アプローチ感覚でイメージするものです。アドレスを作る前にカップを見ながら素振りを数回繰り返すと「このくらいの振り幅かな」といった感覚が明確になってきます。

半径1メートルの大きなカップを想定

　スタート前の練習グリーンでロングパットの練習を多めにやっておくことも大切です。その日のグリーンの速さを把握しているかど

上達するには ココを Check

簡単・最速 POINT ポイント

ロングパットの場合、ストロークの振り幅が大きくなる。そのためにフェースの芯を外しやすい点に注意しよう

ヘッドターンを抑えてストロークしよう

ロングパットを打つときは両腕の回旋を少なく抑えて、フェースをなるべく真っすぐキープしてパターを直進的に振る意識を持つのが効果的だ

アマチュアのパットは ヘッドターンを使いすぎ

テークバックでフェースを開き、フォローで閉じるという具合にフェースの開閉が大きいとフェースの芯で当てにくく、距離感が安定しない

うかで、その日のトータルのパット数が決まるのです。

　ロングパットの練習では、カップに入れることは考えずに、カップの近くに止めることを第一に考えましょう。カップを中心とした半径1メートルの大きな円をイメージし、その中に入れるつもりでストロークしましょう。

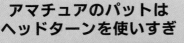

スコアを無駄にしない
ラウンドテクニック⑰

ボールの線を利用してカップインの確率アップ

ショートパットが入るようになるだけで、スコアアップはすぐに実現する

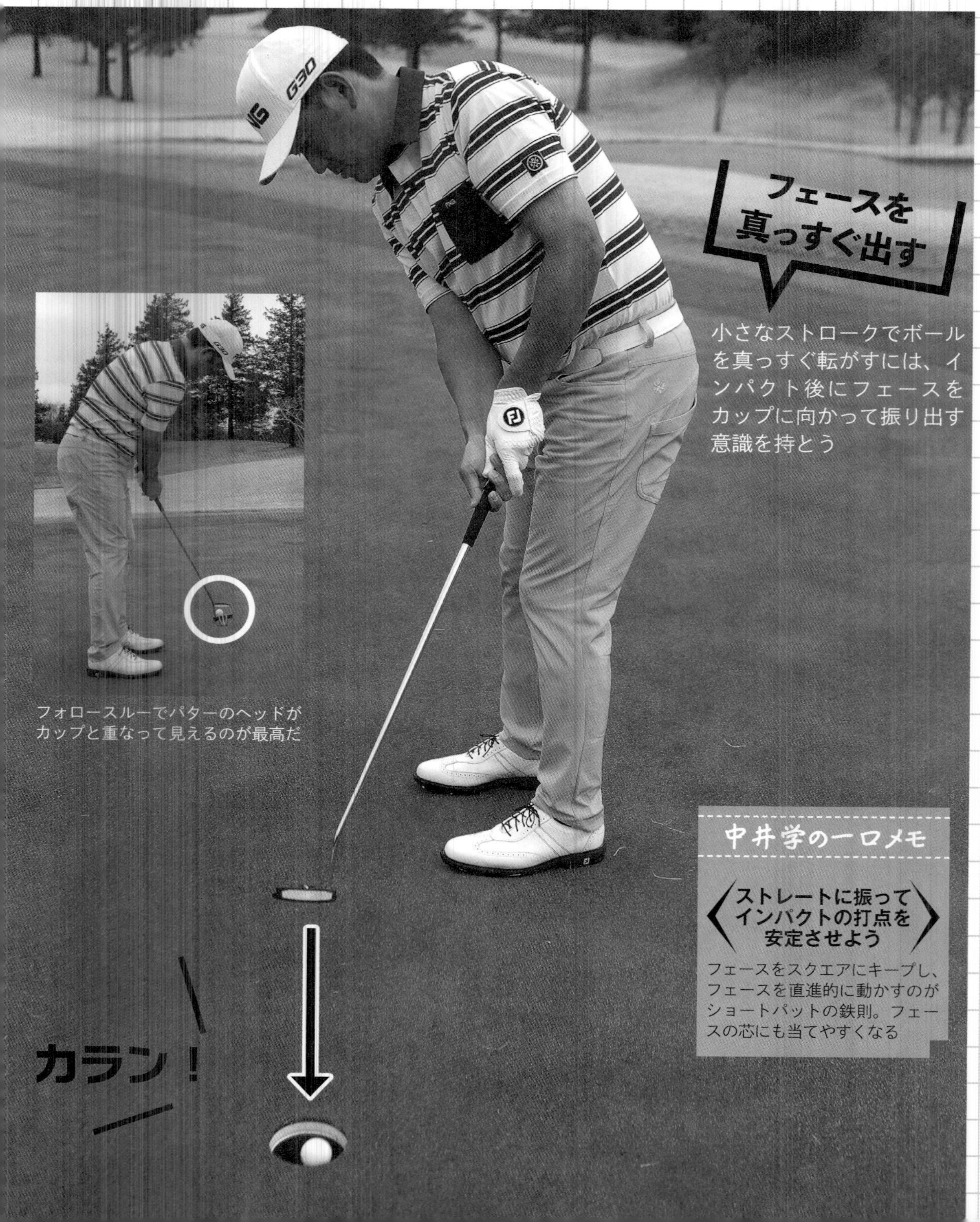

フェースを真っすぐ出す

小さなストロークでボールを真っすぐ転がすには、インパクト後にフェースをカップに向かって振り出す意識を持とう

フォロースルーでパターのヘッドがカップと重なって見えるのが最高だ

中井学の一口メモ

ストレートに振ってインパクトの打点を安定させよう

フェースをスクエアにキープし、フェースを直進的に動かすのがショートパットの鉄則。フェースの芯にも当てやすくなる

ストレートに振る意識をしっかり持とう

1～2メートルの短いパットを打つときは、距離感よりも方向性を重視します。フェース面をカップに真っすぐ向けて構え、インパクト後もフェースをカップの方向に出していくことが一番の決め手です。

ストロークの際にはインパクト後にパターのヘッドがカップに重なって見えるように振りましょう。「パターヘッドをカップインさせるイメージ」とプロたちはよくいいますが、その感覚によってストレートに振りやすく、ショートパットのミスを抑えられるのです。

また方向の正確性を高めるために、ボールに書いた矢印や線などをカップに真っすぐ向けて置くのもいいでしょう。

マジックでボールに線を書き込んでいるプロも多くいますし、その線によってラインのイメージが明確になるという利点があります。

これは感覚的に合わないという人もいますから、自分で試してみてプラスになると思えたら取り入れましょう。

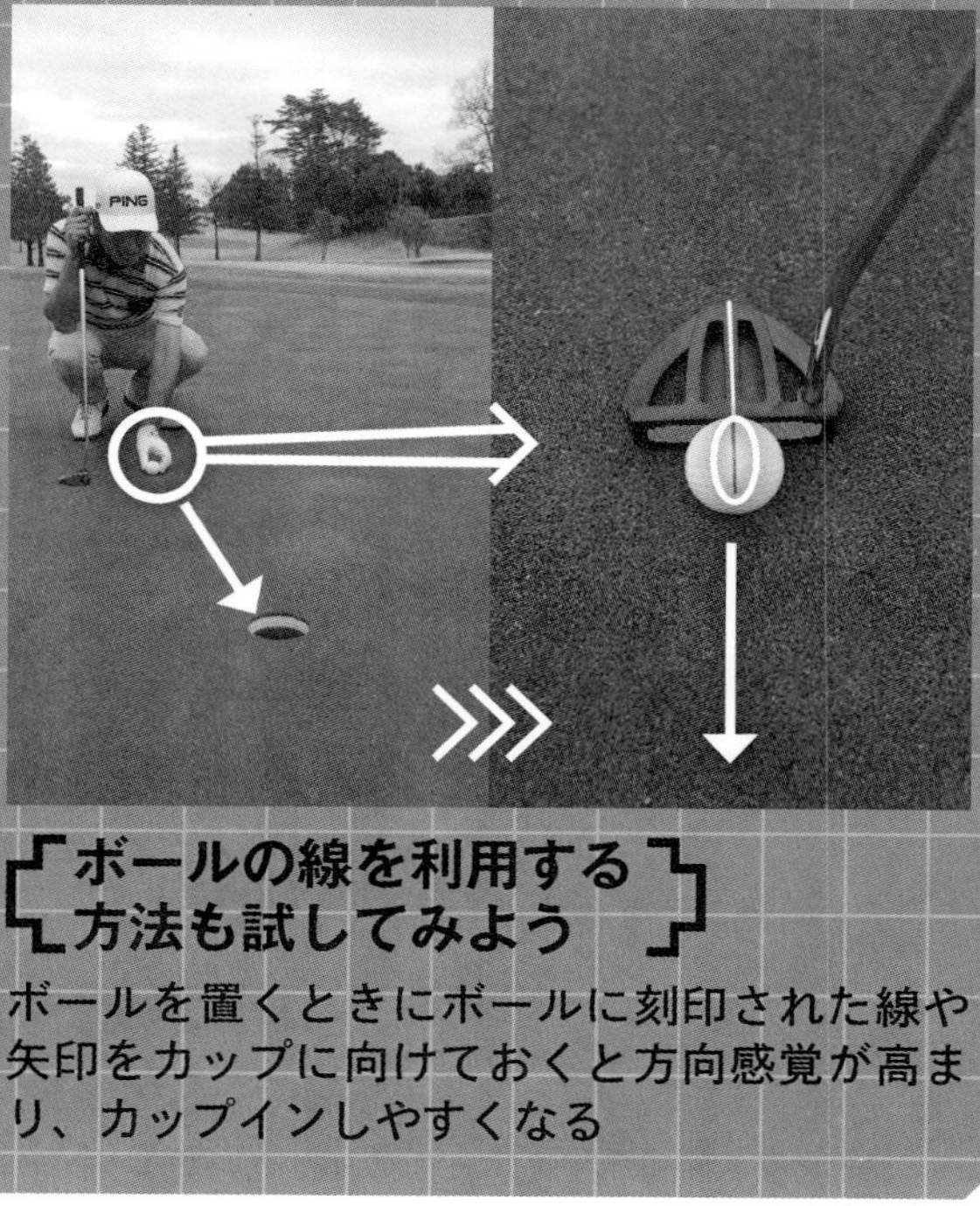

ボールの線を利用する方法も試してみよう

ボールを置くときにボールに刻印された線や矢印をカップに向けておくと方向感覚が高まり、カップインしやすくなる

応用編

打った後もボールの場所を見続けよう

目線を絶対に外さない

ショートパットはアドレスでカップが視界に入る。インパクト前に目がカップのほうに泳ぎやすいので、カップインの音を聞くまでアドレスの目線を変えないことだ

フェースを真っすぐ出す

目が泳ぐと右肩が前に出て、インパクトでフェースがかぶって当たりやすい

打った後はフェース面をカップのほうに真っすぐ出すのが大切なポイントだ

中井 学（なかい　がく）

◆プロフィール

1972年（昭和47年）大阪府生まれ。14歳からゴルフを始め、高校３年時に日本ジュニア出場。その後アメリカに留学。シトラスコミュニティカレッジ（カリフォルニア州）では大学選抜として活躍。永住権を得られず、アメリカでのプロ転向を断念し1997年帰国。2003年よりプロコーチ活動開始。これまでに数多くの選手の初優勝、初シード入りに貢献する。ツアーに帯同する傍ら、2009年より本拠地を東京に移しレッスンを展開。プロ、アマ問わず、多くの悩めるゴルファーの駆け込み寺となっている。『誰もいわなかったゴルフの基本』『誰もいわなかったシンプルゴルフのすすめ』『誰もいわなかったゴルフはアドレスが9割』（以上 河出書房新社）、『ゴルフがいきなり上手くなる素振りレッスン』『ゴルフは飛ばなきゃつまらない！』『ＤＶＤつき 中井学の超ゴルフ学（全４巻）』（以上 主婦の友社）、『ゴルフ パットシングルになる！』『ゴルフ 100ｙｄシングルになる！』『ゴルフ ティショットシングルになる！』『強い球で飛距離が伸びる！ ヒップターンスイング』（以上 池田書店）、など著書多数。UUUM所属。

近況等はツイッターアカウント@nakaigaku

※本書は『誰もいわなかったゴルフの基本』『誰もいわなかったシンプルゴルフのすすめ』の内容を再編集したものです。

【図解】シンプルゴルフのすすめ
本当《ほんとう》に必要《ひつよう》なことはたったコレだけ！

2020年3月20日　初版印刷
2020年3月30日　初版発行

著　者……中井 学

発行者……小野寺優

発行所……株式会社河出書房新社
〒151-0051　東京都渋谷区千駄ヶ谷2-32-2
電話03-3404-1201（営業）03-3404-8611（編集）
http://www.kawade.co.jp/

構成……三代 崇
撮影……富士渓和春、圓岡紀夫
協力……浜野ゴルフクラブ（千葉県）
ブックデザイン・組版……原沢もも
編集……菊池企画
企画プロデュース……菊池 真

印刷・製本……三松堂株式会社

Printed in Japan　ISBN978-4-309-28789-8